Hans-Werner Zöllner

Plane dein Leben ... denn die Uhr tickt!

Lebensplanung mit Vision

Hans-Werner Zöllner

Plane dein Leben ...

denn die Uhr tickt!

Lebensplanung mit Vision

Bibelzitate, sofern nicht anders angegeben, wurden der Luther Bibelübersetzung 1984 entnommen.
Bibeltext der Luther-Übersetzung: © 2000 Deutsche Bibelgesellschaft.
Hervorhebungen einzelner Worte oder Passagen innerhalb von Bibelstellen wurden vom Autor vorgenommen.

Aus Gründen der Lesbarkeit wurde bei geschlechtsspezifischen Begriffen oder Satzzusammenstellungen grundsätzlich die männliche Form gewählt.

Bibliografische Information der Deutschen Nationalbibliothek
Die Deutsche Nationalbibliothek verzeichnet diese Publikation in der Deutschen Nationalbibliografie; detaillierte bibliografische Daten sind im Internet über http://dnb.dnb.de abrufbar

© 2017 Hans-Werner Zöllner

Herstellung und Verlag
BoD - Books on Demand, Norderstedt

ISBN: 978-3-7448-8232-3

Dem größten Experten für Zeit- und Lebensplanung,
zu Lob und Ehre,
dem Gott und Herrn der Schöpfung!

Dank

Mein Dank gilt dem Gott, der mir mit seiner unendlichen Liebe begegnet ist, und von dem folgende Worte stammen:

„Ich aber, HERR, hoffe auf dich und spreche: Du bist mein Gott! Meine Zeit steht in deinen Händen." (Psalm 31,15-16)

Inhalt / Themen

Impulse zum Thema ZEIT

„Die Zeit ist zu kostbar, um sie mit falschen Dingen zu verschwenden."[1]

„Meine Zeit steht in deinen Händen." (Psalm 31,16)

Zeit ist zunächst einmal subjektiv und genauso empfinden wir Menschen sie auch. Der deutsche Schriftsteller Günter Eich (1907-1972) drückte es einmal so aus: *„Endlich weiß man, was Zeit ist: Solange man auch trödelt, es wird nicht früher!"* Über 500 Jahre lang haben wir unseren natürlichen Zeit-Rhythmus der mechanischen Uhr und deren Zeitordnung unterworfen. Heute sind wir einen Schritt weiter und versuchen die Zeit auszutricksen, indem wir auf „Last-Minute" setzen.

Noch besser machen möchte es das moderne Management und setzt auf Begriffe wie „Zeitgewinn", „Zeitoptimierung" oder „Zeitnutzung". In unserer hochtechnisierten und globalen Gesellschaft zählen dabei weder Tag noch Nacht, weder Sonn- noch Feiertag und weder Privatleben noch Freizeit. Wer die Öffnungszeiten von Supermärkten beobachtet und die Diskussionen über die Möglichkeit wahrnimmt, rund um die Uhr einzukaufen, der weiß wovon ich rede.

Schauen wir auf unsere persönliche Zeit, wird selten einer behaupten, dass er einer Fülle von Zeit zur Verfügung hat. Die meisten Menschen werden eher von sich behaupten, dass ihre Zeit knapp bemessen ist. Dabei betrachten viele die Zeit nicht als ihren Verbündeten, sondern als Gegner. Und dann kämpfen sie gegen die innere Uhr, leben in der Zukunft und verschieben alle Wünsche und Hoffnungen auf später.

Zeit hat sehr viel mit Empfinden zu tun. Wenn Menschen z.B. frisch verliebt sind, eine spannende Sendung sehen oder einem guten Verkündiger zuhören, verfliegt die Zeit wie im Nu. Wenn sie allerdings vor einer roten Ampel oder einer geschlossenen Schranke warten und womöglich noch unter Zeitdruck sind, scheint die Zeit auf einmal stehen zu bleiben. Und das, obwohl sich am Rhythmus der Zeit nichts verändert hat. Wir haben auch heute noch im Durchschnitt 8.760 Stunden pro

---

[1] Heinz Rühmann. Deutscher Schauspieler und Sänger (1902-1994).

Jahr zur Verfügung. Das sind 525.600 Minuten. Also über eine halbe Million. Wenn man davon ca. 2.900 Stunden abzieht, weil man ja durchschnittlich acht Stunden pro Nacht schläft, bleiben immer noch 351.600 Minuten oder 5.860 Stunden.

Davon verwenden wir pro Jahr ca. 1.600 bis 2.000 Stunden für den Beruf. Es bleiben also noch ca. 3.800 bis 4.200 Stunden übrig; oder in Minuten ausgedrückt ca. 228.000 bis 252.000 Minuten pro Jahr. Eine riesige Menge! Was machen Sie mit dieser Zeit?

Setzen Sie sich bitte einmal ruhig in ein Wohnzimmer, in dem eine analoge Wanduhr angebracht ist. Sie werden dabei sehr schnell feststellen, was mit Ihrer Zeit passiert. Sie vergeht einfach. Sekunde für Sekunde häuft sich auf. Ab 60 Sekunden ergibt es eine Minute. Und dann die nächste. Und dann die nächste. Ab 60 Minuten ergibt es eine Stunde. Die Zeit vergeht einfach.

Minute für Minute, Stunde um Stunde, Tag für Tag. Es ist eine ganz monotone Sache, die für mich fast den gleichen Klang hat, den man auf einem Friedhof finden kann, wenn der Pfarrer bei einer Beerdigung folgende Worte spricht: „Erde zu Erde, Asche zu Asche". Wenn diese Worte gesprochen sind, ist ein Mensch begraben.

Minute für Minute, Stunde für Stunde. Da stirbt etwas, wenn Sie es nicht aktiv gestalten. Vielleicht auch in Ihnen, wenn Sie merken, wie die Zeit einfach nur so dahin plätschert, ohne dass Sie dem Ganzen einen Sinn abgewinnen konnten. Ich behaupte einfach mal, dass es uns nicht zufriedener macht, wenn Zeit einfach nur vergeht.

Die Zeitschrift „Willow Net" hat sich in seiner Ausgabe 04/2011 mit dem durchschnittlichen Leben auseinandergesetzt und manch Interessantes dabei ans Tageslicht gebracht[2]:

Im Durchschnitt verbringt ein Mensch in seinem Leben ca. 30 Jahre mit Medien, wie z.B. Fernsehen, Musik, Bücher, Zeitschriften, Videos, etc. Er verbringt ca. 24,4 Jahre mit Schlafen, sieben Jahre mit Arbeiten, fünf Jahre mit Essen, zwei Jahre und sechs Monate im Auto (davon ca. sechs Monate im Stau), neun Monate wäscht und bügelt er, sechs Mo-

---

[2] Die Werte beziehen sich auf die durchschnittliche Lebenserwartung deutscher Frauen und Männer, basierend auf den Statistiken der Jahre 2006-2011.

nate sitzt er auf der Toilette, drei Monate verbringt er in Kneipen und jeweils zwei Wochen küsst und betet er. Wir Menschen haben demnach ein langes Leben vor uns, das gestaltet sein will, wenn es kein bloßer Beitrag zur Ergänzung irgendeiner Statistik sein soll.

Zu früheren Zeiten schienen es die Menschen mit der Zeit einfacher gehabt zu haben. Zeit war für sie das, was ihnen die Natur vorgegeben hat. Die natürlichen Rhythmen bestimmten den Takt in ihren Tagen, Monaten und Jahren. Sie lebten im Rhythmus der Jahreszeiten und nicht im Rhythmus des Terminkalenders. Unsere Vorstellungen von Pünktlichkeit und einem Leben nach der Uhr wären für unsere Vorfahren undenkbar gewesen.

Das alles änderte sich mit dem Siegeszug der Uhr gegen Ende des 16. Jahrhunderts. Ab dieser Zeit konnte man im Sekundentakt leben. Und als dann der Amerikaner Benjamin Franklin 1748 noch den Satz verkündete *„Zeit ist Geld!"*, hatten alle Menschen in verantwortlichen Positionen plötzlich eine neue Motivation für ihre Arbeit gefunden.

Aber auch sonst lassen wir den Dingen nicht mehr ihren normalen Lauf. Wer interessiert sich schon für die Jahreszeiten, wenn er Gemüse einkaufen möchte? Es muss im Supermarkt einfach vorhanden sein. Das heißt dann aber auch, dass genau dieses Gemüse an anderen Orten möglichst schnell hoch gezüchtet werden muss, egal zu welcher Jahreszeit. Das Ergebnis schmecken wir dann z.B. bei Tomaten. Sie sind zwar saftig, aber schmecken in der Winterzeit meist nach Wasser.

Wir befinden uns im Zeitalter von Internet, Handhelds und Smartphones. Man ist überall und zu jeder Tages- und Nachtzeit erreichbar. Wir sind zu einer *„Rund-um-die-Uhr-Gesellschaft"* geworden, wie Dr. Lothar Seiwert es einmal bezeichnete. Und was passiert? Wir sind so in Eile und immer so sehr in Bewegung, dass die Pausen, in denen man einfach nichts tut, vom Aussterben bedroht sind.

Doch was können Sie dagegen tun? Vielleicht anhalten und darüber nachdenken? Dabei könnte es für Sie evtl. hilfreich sein, sich grundsätzliche Fragen zu stellen, wie z.B. zum Selbst- und Zeitmanagement:

- Was motiviert mich eigentlich, meine Zeit zu planen?
- Mache ich es einfach gerne?

- Mache ich es, weil ich immer noch etwas dazu lernen möchte?

- Mache ich es, weil ich die Übersicht behalten möchte?

- Mache ich es, weil ich nicht mehr tun möchte, als ich muss?
Dazu ein Beispiel:
Ich selbst war Teilnehmer auf einem Seminar für Zeitplanung und Selbstmanagement. Dort sagte der Referent, dass er dies, was er hier lehre, nur deshalb tue, weil er faul sei. Im Grunde sei er ein großer Chaot. Aber weil Zeitplanung und Organisation ihm helfe, nicht zu viel tun zu müssen, plane er eben seine Zeit und hält Ordnung. Und solch ein Mensch ist dann irgendwann sogar der Referent auf einem Zeitplanseminar. Es besteht Hoffnung für uns alle!

Lassen Sie uns die ganze Sache ein wenig konkretisieren, indem ich Ihnen den kleinen Workshop auf der folgenden Seite ans Herz lege. Nehmen Sie sich bitte die Zeit, um Ihre eigene Einstellung zu Zeit und Leben etwas näher zu beleuchten.

Und wenn Sie es tun, versuchen Sie bitte, die Aussagen nicht nur theoretisch zu beantworten, sondern so wie Sie es emotional auch tatsächlich empfinden:

Wenn es z.B. in der ersten Zeile heißt: *„In meinem Leben kommt häufig Stress und Hektik auf"*, dann nicht voreilig „Stimmt nicht" ankreuzen, sondern spüren Sie zuerst Ihren Emotionen etwas nach, ob Sie wirklich so gelassen sind, wie Sie denken, oder ob bei Ihnen nicht doch das eine oder andere Mal etwas Stress und Hektik aufkommen könnte.

Mein Zeitempfinden[3]

	Stimmt	Stimmt nicht
In meinem Leben kommen häufig Stress und Hektik auf.	❏	❏
Zeitmanagement und bewusste Zeitgestaltung ist nur etwas für den Beruf.	❏	❏
Die Aussage „Ich habe keine Zeit" gehört zu meinen Standardsätzen.	❏	❏
Ich habe zu wenig Zeit für Privates bzw. für mich selbst.	❏	❏
Meine Zeitnot ist nur ein Spiegel unserer Zeit.	❏	❏
Ich fühle mich oft total überlastet.	❏	❏
Ich arbeite immer auf den letzten Drücker.	❏	❏
Ich kann meine Zeit- und Lebensplanung nur begrenzt beeinflussen.	❏	❏
Mir läuft hinten und vorne die Zeit davon.	❏	❏
Das Leben ist hart und ungerecht.	❏	❏
Die derzeitige wirtschaftliche Situation lässt mir keine andere Wahl.	❏	❏
Andere verfügen über meine Zeit.	❏	❏
Summe:		

Auswertung:

Je mehr Kreuze Sie in der linken (Stimmt-) Spalte gemacht haben, desto notwendiger ist es, an Ihrer Einstellung zu arbeiten bzw. in diesen Bereichen umdenken zu lernen:

0-3   Ihre Einstellung stimmt. Überprüfen Sie sich regelmäßig.

4-8   Sie haben in den beschriebenen Feldern einige Schwächen, an denen Sie dringend arbeiten sollten.

9-12   Sie sollten grundlegend an Ihrer Einstellung zu Zeit- und Lebensplanung arbeiten.

---

[3] Knoblauch: Meer, S. 45.

Über das „Phänomen Zeit" habe ich in einem Buch von Hans Peter Royer ein paar nachdenkenswerte Sätze gefunden. Er zitiert darin einen Unbekannten mit den Worten: *„Ich heiße Zeit. Ich bin immer da gewesen und werde auch nicht immer da sein. Aber heute bin ich dabei, das Leben zu messen. Die Menschen warten auf mich, unterwerfen sich mir, fürchten mich; aber niemand außer Gott kann mich aufhalten. Er hat mich in der Hand und er sagt, ich gehe zu Ende. Die meisten Menschen meinen, dass ich immer da bin. Aber das stimmt nicht. Wenn ich aufhöre, ist die Ewigkeit da."*[4]

Ich denke, das beschreibt gut, weshalb ich z.B. auf meine Zeit achte und sie als Genuss sehe. Ich möchte mich nicht jagen lassen, sondern das Leben genießen und mein Leben darum entsprechend planen. Dies erreiche ich, indem ich Methoden und Systeme entwickelt habe, die mir den Kopf freihalten. David Allen bemerkte in seinem Buch dazu ganz lapidar: *„Ihr Verstand besitzt kein eigenes Denkvermögen"*[5].

Und dabei deckte er etwas auf, was Ihnen das Leben erleichtern könnte, wenn Sie Acht darauf haben. Für David Allen ist jeder offene Vorgang, jeder Termin, der noch nicht geplant ist, jeder Gedanke, für den noch kein nächster Schritt beschlossen ist, ein „offenes Ende" im Kopf. Laut Hirnforschung beschäftigt sich das Gehirn im Unterbewusstsein mit all den Dingen, die noch nicht erledigt sind, also Ihren offenen Enden. Wenn Sie nun versuchen, Ihre Projekte, Termine, Gespräche, Einkäufe usw. allein im Kopf abzuwickeln, muss sich das Gehirn irgendwann mit so vielen offenen Enden befassen, dass es Ihnen einfach zu viel wird und sich deshalb manchmal auch Panik breit macht.

Das ist dann meist die Stelle, wo man sich überfordert fühlt: „Boah! Ich habe eine irre Woche vor mir! Es ist noch massenhaft zu tun! Ich glaube, das schaffe ich nicht!" „Ja, was hast du denn zu tun?", entgegnet Ihr Gegenüber, und Sie antworten: „So genau weiß ich das auch nicht. Aber es ist bestimmt ganz viel!"

Dieses Empfinden liegt daran, dass Ihr Gehirn nicht ganz so schlau ist, wie Sie es sich wünschen. Und darum wird es sich so lange mit den Dingen befassen, die noch nicht abgehakt sind, bis diese sicher gere-

---

[4] Royer, Hans Peter: Dunkler als Finsternis, heller als Licht, Holzgerlingen 2010, S. 60.
[5] Allen: Dinge; S. 33.

gelt sind. Das heißt nicht, dass Sie jeden Termin gleich organisieren müssen, dass der anstehende Anruf gleich erledigt werden oder der Einkauf gleich getätigt werden müsste. Darum geht es nicht. Aber es muss außerhalb des Gehirns so sicher festgehalten oder niedergeschrieben sein, dass Ihr Verstand es ablegen kann, weil es sicher ist.

Denn Ihr Verstand befasst sich mit allen offenen Enden Ihres Lebens. Wer also Zeit als Genuss empfinden will, muss dafür sorgen, dass die offenen Enden des Lebens geschlossen werden. Dazu später noch mehr. Ich betrachte also Zeit als Genuss.

Für mich ist Zeit aber auch mein Verbündeter. Ich weiß ganz genau, dass ich Zeit nicht planen kann. Zeit vergeht. Aber ich kann mein Leben innerhalb der vergehenden Zeit planen. Und das ist mehr als nur ein Wortspiel. Wer versucht, diesen Gedanken einmal zu Ende zu denken, wird es verstehen.

Weil sich nun aber mein Leben in der Zeit abspielt und ich es genießen möchte, kann ich es mir nicht leisten, die Zeit als Gegner zu haben. Nach dem Motto: „Ach, es schon wieder so spät geworden. Da ist mir die Zeit doch wieder einmal davon gerannt!" Mir rennt die Zeit nicht davon, weil ich mit ihr zusammenarbeiten möchte. Natürlich hat das auch seinen Preis. Ich möchte z.B. möglichst jeden Tag genießen, darum stehe ich morgens früh auf. Mein Wecker klingelt normalerweise um ca. 4:30 Uhr. Aber nicht dass Sie jetzt denken, ich sei ein Frühaufsteher. Ganz und gar nicht. Aber dies ist der Preis, den ich dafür bezahlen möchte, dass ich Morgentoilette, Frühsport, Anziehen, Zeit mit Gott und das Frühstück in Ruhe genießen kann.

Und das hängt auch mit dem zusammen, was wir in einem Gedicht des großen König David in Psalm 31,15-16 nachlesen können:

> *„Ich aber, HERR, hoffe auf dich und spreche: Du bist mein Gott! Meine Zeit steht in deinen Händen."*

Das heißt nicht, dass Sie von nun an nicht mehr planen müssen. Dass Sie nur darauf achten müssen, dass Abends Ihr Terminkalender aufgeschlagen auf dem Schreibtisch liegen bleibt, damit Gott über Nacht neue Termine darin eintragen und Ihr Leben drum herum planen kann. Das alles wird nicht geschehen. Es geschieht aber etwas anderes. Dazu ein schönes Bild, das man an vielen Orten sehen kann: Es ist ein Bild von offenen Händen, die zu einer Schale geformt sind. Und je nachdem, was der Bildhauer oder Maler darstellen möchte, liegt ein kleines Kind in dieser „Schale" oder ein kleines Lämmchen. Wenn wir bei unserem Bild bleiben wollen, dann liegen in dieser „Schale" alle unsere Werkzeuge zur Zeitplanung und die Zeit selbst. Und unser guter Vater im Himmel hat alles in seinen Händen.

Das wiederum macht es sehr kostbar. Wie alles, was dieser wunderbare Vater im Himmel in seinen Händen hält; es ist kostbar. Von unschätzbarem Wert und mit nichts auf dieser Welt zu bewerten und zu bezahlen. *„Meine Zeit steht in deinen Händen!"* Was kann Sie dann noch hetzen? Was kann Sie dann noch überraschen?

Dort, in diesen wunderbaren Händen eines ebenso wunderbaren Gottes, liegen Ihre Zeit, Ihr Leben und alles, was Sie ausmacht. Und aus diesen wunderbaren Händen werden die Umstände Ihres Lebens in Ihr Leben gegossen. Dies zu wissen ist kostbar, auch wenn es vielleicht eher banal klingt.

Heinrich Spoerl hat einmal gesagt: *„Die Urmenschen hatten keine Uhr, aber sie hatten Zeit!"* Heute haben wir Uhren, können die Zeit bemessen und einteilen und haben plötzlich keine Zeit mehr. Was ist da passiert? Lothar Seiwert sagte einmal: *„Die Zeit ist wie der Wind: Richtig genutzt, bringt sie uns an jedes Ziel!"* Und damit möchte ich gleich einem Missverständnis vorbeugen, das bei meinen Ausführungen möglicherweise entstehen könnte. Nämlich der Eindruck, dass es mir darum gehen könnte, dass Sie durch die richtigen Kniffe und Tricks noch mehr Aktivitäten in Ihre Tage, Stunden und Minuten hineinpacken können. Ganz im Gegenteil!

- Zeit ist ein knappes Gut und deshalb ein sehr wertvolles Kapital.
- Zeit ist nicht käuflich.
- Zeit kann nicht vermehrt werden. Sie haben nur diese ca. 230.000 Minuten pro Jahr.
- Zeit verrinnt kontinuierlich und unwiderruflich.

Und deshalb kann es nur darum gehen, die verfügbare Lebenszeit intensiver und bewusster für das zu nutzen, was wichtig ist. Für die schönen Dinge des Lebens, für Genuss und Muße und für Visionen und Erfolg. Zeit ist also mein Verbündeter.

Und schließlich ist Zeit für mich mein Leben, weil sich die Zeit nicht aufhalten lässt und ich in der Zeit lebe. Ich werde von Sekunde zu Sekunde älter, was man mir auch ansieht. Wobei das ja nur für das Leben hier auf der Erde gilt. Wenn mein Leben lebenswert sein soll, kämpfe ich nicht gegen die Zeit an, womöglich mit Schönheits-OP's oder verjüngenden Präparaten aller Art. Sondern ich versuche mein Leben nach guten und hilfreichen Maßstäben in der Zeit, durch die Zeit und bis in die Ewigkeit zu gestalten.

Wie sieht es da bei Ihnen aus? Haben Sie schon alle Termine, Projekte, Aufgaben etc. so erfasst, dass Sie sich sicher sein können, dass Ihnen nichts durch die Lappen gehen wird (sofern Sie es selbst beeinflussen können)? Wenn dem so wäre, würden Sie zu den absoluten Ausnahmen gehören, die sich auf Gottes Erdboden befinden.

In den Anlagen (Anlage 1) befindet sich deshalb ein Hilfsmittel, eine zweispaltige Liste mit dem Titel: „Offene Enden". Diese Liste wird Ihnen Anstöße zum Nachdenken geben, über all die Dinge, die möglicherweise in Ihrem Berufs- und Privatleben noch offen sein könnten: Versprechen, Anrufe, Termine, Entscheidungen, finanzielle Dinge, etc.

Es ist wichtig, dass Sie den Kopf immer frei haben für die wichtigen Dinge. Darum möchte ich Sie ermutigen, Ihr Leben anhand dieser Liste durchzugehen und alle offenen Enden Ihres Lebens zunächst anzubinden, bevor Sie weiterlesen. Wie Sie es danach bearbeiten können, darauf werde ich im Einzelnen noch eingehen.

Sie können das Buch aber gerne auch ohne diese Liste weiterlesen, auch wenn ich sie Ihnen schon ans Herz lege. Auf jeden Fall wünsche ich Ihnen eine sehr spannende Reise hin zu einer Lebensplanung mit Vision.

Gott wird mit Ihnen sein.

Ihr Hans-Werner Zöllner

Das Geheimnis erfolgreicher Lebensplanung

„Wir sind das, was wir wiederholt tun. Vorzüglichkeit ist keine Handlung, sondern eine Gewohnheit."[6]

„Alles, was ihr tut mit Worten oder mit Werken, das tut alles im Namen des Herrn Jesus und dankt Gott, dem Vater, durch ihn." (Kolosser 3,17)

Eine alte Lebensweisheit besagt:

Säe einen Gedanken - und du erntest eine Tat;
säe eine Tat - und du erntest eine Gewohnheit;
säe eine Gewohnheit - und erntest einen Charakter;
säe einen Charakter - und du findest in deine Bestimmung.

Ich denke, dass es auch in Ihrem Leben so ist, dass viele Bereiche Ihres Lebens und Alltags mit Gewohnheiten gefüllt oder sogar von diesen bestimmt werden. Das fängt schon morgens mit dem Aufstehen an: Der eine rollt sich aus dem Bett, der andere hüpft aus dem Bett. Der eine geht ins Bad, putzt zuerst die Zähne und wäscht danach das Gesicht, während ein anderer zuerst die Haare wäscht und danach die Zähne putzt.

Wenn Sie Ihr Leben beobachten, wird vieles von Gewohnheiten bestimmt, die Sie täglich pflegen. Im Umgang mit der Zeit ist das nicht anders: Auch Ihr Umgang mit Zeit besteht aus Gewohnheiten, die Sie gelernt und auch gepflegt haben. Es gibt Menschen, die immer pünktlich sind und andere, die regelmäßig zu spät kommen. Das ist keine Frage des Typs oder der Persönlichkeit, es ist eine Frage von Gewohnheit und Werten. Wenn Pünktlichkeit für Sie ein wichtiger Wert im Leben ist, werden Sie auch pünktlich sein.

Nebenbei bemerkt sollte dies kein Anlass sein, den Menschen, der unpünktlich ist, in eine Schublade zu stecken bzw. ihn negativ zu bewerten. Wenn für Sie Pünktlichkeit ein hoher Wert ist und für den anderen nicht, haben Sie zwar einen Wertekonflikt, aber der sollte nicht zu ge-

---

[6] Aristoteles. Griechischer Philosoph (384-322 v. Chr.).

genseitigem Aburteilen führen. Es ist immer besser, mit dem anderen über solch einen Wertekonflikt zu sprechen und einen gemeinsamen Weg zu finden, als den anderen schlecht zu machen oder ihn womöglich hinter seinem Rücken zu denunzieren.

Da die Gewohnheiten eine solch große Rolle in unserem Leben spielen, können, ja müssen wir sie auch auf alle Bereiche des Selbst- und Zeitmanagements beziehen. Dabei sehen wir sie für unsere Zwecke als Schnittmenge zwischen Wissen, Wünschen und Fertigkeiten.[7]

Wissen ist dabei die theoretische Dimension: Es ist die Frage nach dem WAS, und die Frage nach dem WARUM Sie etwas tun müssen. Wünschen ist die Dimension der Motivation: Will ich das tun, was zu tun ist? Eine wichtige Dimension! Und Fertigkeiten ist die Dimension, die der Frage nach dem WIE nachgeht: Wie soll das Wissen, von dem Sie wünschen, es zu tun, in die Praxis umgesetzt werden?

Nehmen wir noch einmal dieses Beispiel mit der Pünktlichkeit. Gesellschaftlich ist hier zwar etwas im Schwimmen, aber der christliche Volksmund sagt immer noch: *„5 Minuten vor der Zeit, ist des Christen Pünktlichkeit!"* Und laut Knigge ist es auch als krasse Unhöflichkeit anzusehen, unpünktlich zu sein. Das wäre das Wissen dazu. Haben Sie aber im Einzelfall auch die Fähigkeit dazu? Sprich: Haben Sie die körperlichen und auch die mobilen Möglichkeiten - Auto/Bus/Bahn/etc. - um pünktlich sein zu können?

Nehmen wir also einmal an, das mit der Pünktlichkeit haben Sie verstanden. Und Sie haben auch alle notwendigen Fähigkeiten und Möglichkeiten pünktlich zu sein. Wenn Sie jedoch gar nicht den Wunsch haben, pünktlich zu sein, aus welchem Grund auch immer, werden Sie weder bei Ihrem Termin pünktlich sein, noch wird es zu einer Gewohn-

---

[7] Vgl. Covey: 7 Wege, S. 58ff.

heit bzw. Eigenschaft von Ihnen werden, pünktlich zu sein. Daran wird deutlich, dass alle drei Dimensionen beteiligt sein, bzw. zusammenarbeiten müssen, damit etwas zur Gewohnheit werden kann.

Und das wiederum hängt sehr eng mit etwas zusammen, das in unserer postmodernen Gesellschaft keinen so guten Ruf hat: mit Disziplin. In Bezug auf Zeit und Disziplin finde ich das Vorwort des Buches: „simlify your time" sehr interessant. Dort schrieb Werner Tiki Küstenmacher Folgendes: *„...seit etwa 50 Jahren bin ich begeisterter Leser von Ratgeberbüchern, seit über 20 Jahren schreibe ich selbst welche. Es ist an der Zeit, dass ich Ihnen das tiefste Geheimnis dieser Literaturgattung verrate: Das Lesen von Ratgebern hilft nichts. Wirksam werden diese Bücher erst, wenn Sie das, was drinsteht, auch tun. Es ist ähnlich wie bei dem berühmten Bonmot (= Ausspruch) über chemische Substanzen im Sport:* »*Doping im Fußball bringt nichts. Das Zeug muss in die Spieler!*«*".* [8]

Es nützt nichts, wenn Sie perfekte Zeitpläne erstellen können oder sämtliche Techniken des Zeitmanagements vorzüglich beherrschen, wenn Sie nicht beginnen, Ihr Wissen konsequent in die Tat umzusetzen. Und das ist auch meine persönliche Erfahrung. Auch dann, wenn ich immer wieder Einwände zu hören bekomme, wie z.B. folgende:

„Dir fällt das doch alles leicht. Du bist von deiner Persönlichkeit her strukturiert und deshalb wie geschaffen für Zeit- und Lebensplanung." Aber das sagen diese Menschen vermutlich nur, weil sie sehen, dass es bei mir einigermaßen gut funktioniert. Aber glauben Sie wirklich, dass mir diese Dinge einfach so in den Schoß gefallen sind, frei nach dem biblischen Motto: *„Den Seinen gibt's der Herr im Schlaf"* (Psalm 127,2)?

Nein, hier gibt es keine Abkürzung. Aber - um noch einmal Tiki Küstenmacher zu zitieren - es geht mit aktiver Umsetzung. Was ich Ihnen also in diesem Buch vermitteln werde, ist von mir selbst nicht nur erprobt, sondern manchmal auch durchlitten worden.

Und das heißt ganz praktisch: Zeit- und Lebensplanung lebt vor allem von einem, und das ist Disziplin. Nicht umsonst sagte Truman Capote, ein amerikanischer Buchautor (Frühstück bei Tiffany) einmal:

---

[8] Seiwert: simplify, S. 9.

„Disziplin ist der wichtigste Teil des Erfolgs!" In seinem eigenen Leben hat dies zwar nicht wirklich funktioniert, aber das ist kein Gegenbeweis, sondern eben gerade der Beweis dafür, dass es absolut notwendig ist, an Dingen dran zu bleiben, bis sie zur Gewohnheit geworden sind.

Zur Entwicklung von Selbstdisziplin wird im Zeitmanagement-Profil der Firma persolog[9] das sogenannte „TATEN-Programm" empfohlen. Wer dieses Programm für sich durchziehen möchte, muss fünf Bereiche durcharbeiten. Es beginnt mit dem Träumen. Wir werden beim Ziele setzen noch einmal drauf kommen. Wer nicht träumt, kommt auch nicht zu Zielen. Und wer keine Ziele hat, kommt nicht vorwärts. Dabei ist es wichtig, dass Sie eine ausgewogene Mischung zwischen privaten und beruflichen Zielen haben. Darauf werden wir beim Thema Life-Balance noch einmal zu sprechen kommen.

Als nächstes geht es um ein **A**bwägen. Das heißt Sie müssen sich entscheiden, ob Sie wollen oder nicht. Wenn Sie Vorhaben angehen, nur weil Sie müssen, wird Ihr Durchhaltevermögen nicht besonders groß sein. Wenn Sie aber etwas wollen, ist die Aussicht auf Erfolg Ihres Vorhabens viel größer.

Danach geht es um das **T**un. Das hat schon Jakobus gewusst und es im Neuen Testament der Bibel in seinem Brief folgendermaßen beschrieben:

„Seid aber Täter des Worts und nicht Hörer allein; sonst betrügt ihr euch selbst. Denn wenn jemand ein Hörer des Worts ist und nicht ein Täter, der gleicht einem Mann, der sein leibliches Angesicht im Spiegel beschaut; denn nachdem er sich beschaut hat, geht er davon und vergisst von Stund an, wie er aussah." (Jakobus 1,22-24)

Als nächstes geht es darum, seine **E**rfolge zu kontrollieren. Reflexion ist dabei das Zauberwort. Das ist übrigens eine Sache, die nicht nur für das Selbst- und Zeitmanagement wichtig ist: Wer nicht regelmäßig reflektiert, was er sagt und tut, wird immer wieder die gleichen Fehler machen bzw. sich immer wieder gleich verhalten. Das führt letztlich dazu, dass im Leben kein Fortschritt erkennbar ist. Wenn Sie jedoch reflektie-

---

[9] Siehe: www.persolog-shop.com/index.php/medien/profile/zeitmanagement-profil.

ren, dann bleiben Sie dabei ehrlich zu sich selbst. Wenn Sie sich bei der Reflexion selbst betrügen, können Sie damit ebenso scheitern, wie wenn Sie es gänzlich unterlassen.

Und schließlich geht es noch darum, seine **N**euen Gewohnheiten festzulegen. Das muss ein bewusster Prozess sein, am besten schriftlich. Warum schriftlich, dazu später mehr. Ansonsten ist es immer gut, Dinge für sich selbst festzulegen. Wer sich jeden Morgen und jeden Abend die Zähne putzt, hat sich irgendwann einmal dafür entschieden, und so wurde es langsam zur Gewohnheit.

Mit dem Essverhalten, Kaufverhalten, Kleidungsverhalten, etc. verhält es sich ähnlich. Sie müssen sich nur einmal selbst beobachten und werden feststellen, wie viele Gewohnheiten Sie in Ihrem Leben haben. All das ist ein Ergebnis von Disziplin, auch wenn das kaum zu glauben ist. Der Gründer der Fast-Food-Kette McDonalds, Ray Kroc, sagte einmal:

„Sei beharrlich. Nichts in der Welt kann Ausdauer ersetzen. Talent kann es nicht, da nichts mehr verbreitet ist als erfolglose Individuen, die Talent besitzen. Genialität kann es nicht. Genialität, die nicht belohnt wird, ist nahezu sprichwörtlich. Bildung kann es nicht. Die ganze Welt ist voller gebildeter Obdachloser. Ausdauer und Entschlossenheit allein scheinen sich stets durchzusetzen."

In diesem Sinne ist es mir einfach wichtig, auf den Antrieb hinzuweisen, der sich hinter dem verbirgt, was wir Zeit- und Lebensplanung nennen. Es bleibt ein ganz faszinierendes Handwerk, das keinerlei Auswirkungen auf Ihr Leben hat, solange Sie nicht bereit sind, auch einen Preis dafür zu bezahlen. Und dieser Preis heißt: Disziplin und Ausdauer. Aber auch wenn sich das ganz schrecklich anhört und nach ödem Training und verbissenem Gesichtsausdruck klingt. Es geht auch bei Zeit- und Lebensplanung nie darum, nur ein perfektes und diszipliniertes Leben zu führen. Bei Weitem nicht!

Der Schlüssel versteckt sich hinter einer ganz einfachen Aussage: Konzentrieren Sie sich mit Ihrer Disziplin auf das Wesentliche, dann können diszipliniertes Arbeiten und umsetzen von Regeln sogar Spaß machen. Und damit es nicht nur bei Wissen und Wünschen bleibt, folgen jetzt ein paar Prinzipien rund um Disziplin und Ausdauer:

- Ohne Motivation geht nichts
- Prioritäten helfen durchzuhalten
- Das GSP-Prinzip
- Das Schriftlichkeits-Prinzip

Ohne Motivation geht nichts

Ich denke, dass wir als Menschen wirklich nichts auf die Reihe bekommen, wenn wir nicht motiviert sind. Und doch gehört es zur menschlichen Erfahrung, dass Motivation manchmal einfach nicht vorhanden ist. Schön ist, wenn die Motivation von außen kommt, indem uns irgendetwas oder irgendjemand vorantreibt, aus welchen Gründen auch immer. Aber das hält meist nur so lange an, wie das Lockmittel von außen vorhanden ist. Was wir also brauchen ist eine Art der Motivation, die aus uns selbst heraus entsteht.

Dazu acht kurze Tipps aus dem Buch von Leo Babauta, mit dem Titel „weniger bringt mehr"[10]:

1) Beginnen Sie klein
   Lieber mit einem lächerlich kleinen Ziel beginnen, das man dann langsam erweitert, als mit Riesenschritten zu starten, die man schnell wieder aufgibt.

2) Ein einziges Ziel
   Multitasking ist zwar das Schlagwort unserer Zeit, aber die wenigsten können es wirklich, weil wir Menschen eigentlich laut Psychologen - Singletasker sind. Also: versuchen Sie nicht zu vieles gleichzeitig, dann werden Sie motiviert bleiben.

3) Prüfen Sie Ihre Motivation
   Um Dinge im Leben umsetzen zu können, brauchen wir gute Gründe! Wer versucht, sich selbst hinters Licht zu führen, wird schnell scheitern. Und darum: Hinterfragen Sie Ihre Gründe, warum Sie etwas tun, damit diese Sie auch in den Zeiten motivieren, in denen alles schwer fällt.

---

[10] Vgl. Babauta: Weniger, S. 179-180.

4) Sie sollten es aus ganzem Herzen wollen

Es reicht nicht, sich nur vorzustellen, wie cool es wäre, dies oder jenes zu erreichen. Und darum sollten Sie Feuer und Flamme für das sein, was Sie umsetzen möchten, sonst hält es nicht lange.

5) Verpflichten Sie sich öffentlich

Niemand steht gerne vor anderen schlecht da. Und darum verkünden Sie Ihr Ziel oder die Aufgabe, die Sie bewältigen möchten, einfach öffentlich im Freundeskreis. Das kann eine starke Motivation sein.

6) Begeistern Sie sich

Meist fangen die Dinge mit einem Anstoß von außen an. Ein Gedanke begeistert einen. Ob das die Gewichtsreduktion ist, das Ablegen einer Gewohnheit, das Erlernen eines Instrumentes oder ähnliches. Mich persönlich begeistern Dinge immer mehr, wenn ich mit Bekannten darüber rede und viel über das lese, was ich machen möchte. Dann geht es nur noch darum, diese Energie einzusetzen und aufrechtzuerhalten.

7) Bauen Sie Vorfreude auf

Das hört sich vielleicht ein bisschen komisch an, aber es funktioniert tatsächlich: Als ich z.B. im Jahr 2010 mit meiner Frau zusammen eine 40-tägige Fastenzeit durchleben wollte, fingen wir nicht sofort damit an. Wir setzten uns einen Termin, an dem wir beginnen und enden wollten. Wir informierten uns über geistliches Fasten und stellten uns vor, was für schöne Zeiten wir mit Gott verbringen würden. Das steigerte die Vorfreude echt und half auch nachher - während der Fastenzeit - wirklich bis zum Ende durchzuhalten.

8) Ziel sichtbar aufhängen

Wer z.B. mit Sport beginnen möchte, kann dies in wenige Worte zusammenfassen: „Training - 15 Minuten täglich". Dies dann in großen Buchstaben auf ein Blatt ausdrucken und aufhängen: Am Kühlschrank - im Badezimmer - auf dem Computer-Desktop - usw. Das schafft Erinnerung und motiviert. Evtl. auch ein Bild vom Ziel: Bei einem Mann z.B. der Sixpack eines Models (nicht das Bild von einem Sixpack mit Bierflaschen ☺).

Ich denke, dass es noch manche Dinge gäbe, die ich zu Motivation schreiben könnte. Wichtig ist, dass Sie nicht davon ausgehen, dass sich Dinge von selbst entwickeln, sondern dass Sie auch an Ihrer Motivation arbeiten müssen, damit Sie Ihre persönlichen Ziele erreichen können.

Prioritäten helfen durchzuhalten

Es gibt einen schönen Spruch, der besagt: *„Wer nach allen Seiten offen ist, der kann nicht ganz dicht sein!"* Ähnlich sehe ich es, wenn Menschen versuchen, „tausend Dinge" an einem Tag zu erledigen, um dann am Abend festzustellen, wieder nicht alles geschafft zu haben. Das muss nicht so sein.

Wenn Sie sich am Abend vor dem neuen Tag, oder gleich am frühen Morgen höchstens drei Dinge vornehmen, die Sie im Laufe des Tages auf jeden Fall erledigen müssen, werden Sie diese meist auch schaffen. Wichtig dabei ist, sich zu konzentrieren. Denn wenn Sie versuchen, diese drei Dinge parallel zu erledigen, könnte das Ergebnis im schlechtesten Fall das gleiche sein, als ob Sie „tausend Dinge" erledigen wollten. Deshalb trägt es sehr zum Erfolg bei, wenn Sie sich auf eine Aufgabe konzentrieren, dann die nächste und dann die nächste. Denken Sie daran, dass wir Menschen von unserem Schöpfer eigentlich als Singletasker erschaffen wurden.

Die amerikanische Beratungsfirma Basex hat eine Studie mit 1.000 Managern durchgeführt und dabei herausgefunden, dass etwa ein Drittel der Arbeitszeit durch Unterbrechungen verloren geht. Außerdem sind Menschen, die ständig zwischen neuen Situationen hin- und herwechseln, nervlich sehr angespannt. Das kann zu höherem Risiko für Herzinfarkte oder Depression führen.

Die Hamburger Expertin Bettina Rohe[11] hat ausgerechnet, dass durch Unordnung einem Unternehmen pro Arbeitskraft bis zu 1.700,00 Euro im Jahr verloren gehen. Das ist enorm. In meinen ersten Dienstjahren als Gemeinschaftspastor führte ich genau solch ein Leben: Bei ca. 50 bis 70 Stunden pro Woche und das an 6-7 Tagen die Woche brannte die Lebenskerze ganz langsam von beiden Seiten herunter, bis es eines Tages zu körperlichen Reaktionen kam. Bei mir war es die

---

[11] Inhaberin der Firma BR Coaching.

Lunge, die ihre Funktionen nicht mehr aufrechterhalten wollte. Ich hatte Dauerhusten, musste mich allen möglichen Untersuchungen unterziehen und war sogar in einer Lungenklinik. Doch alle bescheinigten mir, dass ich einen kerngesundem HNO- und Lungenbereich hätte. Das war doch mal ein super tolles Ergebnis, dennoch war ich mit dauerndem Husten geplagt.

Was ich hier also schreibe, wurde von mir meist selbst nicht nur durchlebt, sondern auch durchlitten. Deshalb gehöre ich heute zu den Menschen, die zwar manche Dinge gleichzeitig erledigen können - und manchmal muss man das ja auch - die sich aber sehr gerne auf eine Sache konzentrieren und diese auch genießen können.

Wer das noch nicht kann, weil er vorher immer alles gleichzeitig versucht hat zu erledigen, muss halt noch ein bisschen üben. Es ist gar nicht schwer. Wenn Sie merken, dass eine Ablenkung durch eine weitere Aufgabe droht oder schon im Gange ist, wenden Sie sich einfach wieder der Hauptaufgabe zu und machen weiter, als wäre nichts gewesen. Mit der Zeit wird sich daraus eine gute Gewohnheit entwickeln, die hilft, auch auf langen Strecken bzw. bei umfangreicheren Aufgaben durchzuhalten.

Das GSP-Prinzip

Ein weiteres Prinzip, das mit Zeit und Disziplin sehr eng verbunden ist, ist das GSP-Prinzip; oder ausgesprochen: Das „Gut-Statt-Perfekt-Prinzip".

Mir ist bewusst, dass es Menschen gibt, die den Olymp der Gelassenheit längst erreicht haben und sich deshalb nicht mehr mit Schwächen wie Perfektionismus herumschlagen müssen. Aber es gibt dennoch Menschen wie z.B. mich, die einen Hang danach haben, Dinge so gut wie möglich bzw. so perfekt wie möglich zu erledigen. Wer diesen Hang zum Perfektionismus mit mir teilt, dem seien im Folgenden fünf praktische Regeln anvertraut, um nicht in eine Perfektionismus-Falle zu geraten:

Regel 1: Vermeiden Sie es, überpünktlich zu sein
Der Perfektionist ist oftmals so pünktlich, dass er bereits 15 Minuten vor dem Termin da ist und dann trippelnd dasteht, bis die anderen kommen.

Das ist reine Zeitverschwendung. Sehen Sie Ihre Termine lieber etwas entspannter und erscheinen Sie pünktlich. Niemand wird mehr von Ihnen erwarten als dies.

Regel 2: Halten Sie nicht zu viel Ordnung

Nichts gegen Ordnung halten, ganz im Gegenteil. Aber wer permanent mit dem Aufräumen von Tischen, Regalen, seinem Schreibtisch, der Wohnung oder ähnlichem befasst ist, tut sich damit keinen Gefallen und seinen Mitmenschen meistens auch nicht.

Ich bin z.B. ein Typ, der eine relativ ordentliche Atmosphäre benötigt, um gut und tief entspannen zu können. Meine Familie lebte dies in unserer gemeinsamen Zeit manchmal etwas anders als ich. Was denken Sie, was los gewesen wäre, wenn ich versucht hätte, dauernd hinter jedem her zu rennen, nur damit überall sauber aufgeräumt ist? Ich glaube ich wäre verrückt geworden und nur noch genervt.

Nein, ich lebe nach der Devise: Wenn ich entspannen möchte, räume ich dort auf, wo ich mich entspannen möchte; z.B. im Wohnzimmer, bevor ich es mir mit einem Buch gemütlich mache. Und Gleiches gilt auch für meinen Schreibtisch im Büro: Der wird ein Mal am Ende des Arbeitstages aufgeräumt. Das reicht völlig aus.

Regel 3: Seien Sie nicht übertrieben pflichtbewusst

Es gibt Menschen, die müssen alles 100%ig erledigen und am besten noch von ihnen selbst. Niemand scheint es ihnen recht machen zu können. Das hat aber meist einen höheren Arbeits- und Zeitaufwand zur Folge. Auf Dauer kann dies sehr zermürbend werden.

Und deshalb lassen Sie doch lieber manchmal „Fünfe gerade sein" oder delegieren Sie manche Aufgaben an andere Menschen. Wenn Sie dies tun, dann delegieren Sie bitte nicht nur die Arbeit, sondern auch Verantwortung und Entscheidungskompetenzen. Das ehrt den Menschen, an den Sie eine Aufgabe delegieren und es wird ihn auch motivieren, seine Sache gut zu machen.

Regel 4: Fehlerfreiheit ist nur ein Traum

Eine alte Volksweisheit besagt: „Dort wo gehobelt wird, da fallen Späne!" Und solche Späne können Fehler sein. Fehler sind normal, sowohl im menschlichen Miteinander als auch bei der Arbeit. Ich betone dies, weil den Menschen das Fehler machen immer wieder als Schwäche ausgelegt wird. Aber *„dort wo Menschen sind, da menschelt es!"*, sagt der Volksmund.

Und deshalb sehen Sie bitte Fehler als normal an. Man muss sie sicher nicht zwingend einplanen, aber auch nicht überrascht sein, wenn sie geschehen. Manche Dinge laufen ja wirklich gut. Aber anderes läuft eben schief. Und darum sollte man das Beste daraus machen, wenn es geschieht. Konfuzius [12] soll einmal gesagt haben: *„Wer einen Fehler begangen hat und ihn nicht korrigiert* (nicht daraus lernt), *der begeht einen weiteren Fehler!"*

Regel 5: Bringen Sie nicht mehr Leistung als erforderlich
Dieser Satz kann leicht missverstanden werden, doch nicht von einem Perfektionisten. Denn der möchte ja alles perfekt machen und schießt deshalb immer wieder einmal über das Leistungsziel hinaus.

Deshalb muss man solchen - und nur solchen - Leuten deutlich sagen: „Es ist besser für dich und andere, wenn du nur die Leistung bringst und die Aufgabe erledigst, für die du vorgesehen warst. Du musst nicht die Aufgaben der anderen auch noch erledigen. Vertraue einfach auf die anderen. Die machen ihre Sache wirklich gut."

Generell gilt für Perfektionisten: Sie müssen das Leben entspannter sehen und müssen sich klare Ziele und Bearbeitungsregeln setzen. Es muss klar sein, wann eine Aufgabe den Qualitätsstand erreicht hat, der notwendig ist, um sie gut abzuarbeiten. Und es muss klar sein, was das Ziel der Aufgabe ist, damit Sie nicht zu weit über das angestrebte Ziel hinausschießen.

Und dann noch ein paar Sätze an alle anderen Menschen: Manchmal sind die schlimmsten Perfektionisten diejenigen, die es nicht sein wollen. Denn sie benutzen den Perfektionismus bzw. hohe Qualitätsstandards dazu, eine Arbeit erst gar nicht anzugehen, frei nach dem Motto: „Da geht's um perfektes Arbeiten und das ist nicht gut, also lassen wir's!" Auch diese Menschen müssen sich selbst disziplinieren und sich Regeln setzen, damit auch sie sich auf Detailarbeit, Pünktlichkeit,

---

[12] Chinesischer Philosoph und Begründer des Konfuzianismus (~551–479 v. Chr.).

Ordnung und Pflichtbewusstsein einlassen. Das sind diese Menschen sich selbst und auch anderen Menschen schuldig.

Das Schriftlichkeits-Prinzip

Eigentlich müsste ich an dieser Stelle nichts mehr darüber schreiben, wie wichtig es ist, Dinge aufzuschreiben. Doch es gibt meines Erachtens viel zu viele Menschen, die die Nützlichkeit des schriftlichen Nachdenkens unterschätzen. Ich persönlich habe im Bereich von Zeit- und Lebensplanung sehr gute Erfahrungen damit gemacht, meine Ideen, Pläne und Gedanken aufzuschreiben. Das ist wirklich sehr hilfreich.

Um dieses Prinzip umsetzen zu können, gibt es gute Hilfsmittel, von denen ich kurz drei vorstellen möchte. Ich beginne mit dem

Super-Buch

Dieses Buch ist entweder in Ihr Lebensplaner-Ringbuch integriert oder Sie können sich auch eine Kladde dafür kaufen. Damit können Sie dieses Buch immer und überall dabei haben. Alles, was an Informationen im Laufe eines Tages auf Sie einstürzt, wird in dieses Super-Buch eingetragen.

Zum Beispiel kommt ein Mitarbeiter herein und bittet Sie, im Lauf der nächsten Woche zu einem Problem Stellung zu nehmen. Das müssen Sie sofort notieren. Oder das Telefon klingelt und Sie versprechen einen Rückruf nach Klärung. Das müssen Sie sich sofort notieren. In einem weiteren Fall benötigen Sie eine Auskunft. Ihr Ansprechpartner ist aber erst in drei Tagen wieder erreichbar. Das müssen Sie sich notieren. Und schließlich planen Sie das nächste Gemeindefest und Ihnen fällt noch ein Gemeindeglied ein, das Sie auf jeden Fall persönlich einladen möchten. Auch das müssen Sie sich notieren.

Denken Sie an die „offenen Enden". Wenn Sie all die Dinge in Ihr Super-Buch eintragen, wird dieses Buch zu einer mächtigen Informationszentrale, die Sie für Ihre Lebensplanung nutzen können. Denn Sie haben durch dieses Buch immer einen Überblick über alle anstehenden Aufgaben und Aktivitäten, die Sie dann wiederum in die Wochen- und Tagesplanung übernehmen können. Das macht den Kopf frei! Wichtig dabei ist: Eine Information wird in diesem Buch erst dann gestrichen, wenn sie bearbeitet und entweder an einer anderen Stelle gesichert oder gänzlich abgeschlossen wurde.

Zwei-Listen-Technik

Dieses Super-Buch kann auch in der sog. „Zwei-Listen-Technik" eingesetzt werden. Wichtig ist, dass es immer nur einen bestimmten Ort gibt, an dem bestimmte Informationen zusammenlaufen. Für Aufgaben, Aktivitäten, etc. gilt dies ebenso.

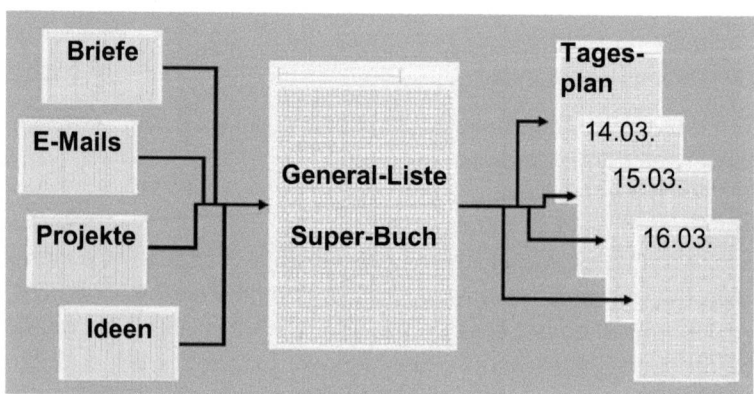

Eine Möglichkeit dazu ist die sogenannte General-Liste. Dies kann das Super-Buch sein, es kann aber auch eine Liste sein im DIN A4 Format, die drei Spalten enthält: Datum, Aufgabe und Information. Wie diese General-Liste aussieht, spielt keine Rolle. Wichtig ist, dass Ihr System zu Ihnen passt und vor allem, dass es auch funktioniert.

Alles, was nun auf Sie einströmt und einen Handlungsschritt von Ihnen erfordert, wird in diese Liste eingetragen: E-Mails, Ideen, Telefonate, Besprechungsergebnisse, Projekte, usw. Das Ziel ist dabei immer das gleiche, der Kopf muss frei gehalten werden von allem, was aktuell nicht zu bedenken ist.

Wenn Sie Ihre Woche bzw. Ihren Tag planen, können die Aufgaben und Aktivitäten aus der General-Liste entsprechend in die Tagesplanung einfließen. Danach können sie in der General-Liste oder im Super-Buch gestrichen werden. Also noch einmal zum Verständnis: Alle wichtigen Dinge werden auf die General-Liste eingetragen und von dort fließen sie in die Wochen- und Tagesplanung ein. Deshalb wird es auch

„Zwei-Listen-Technik" genannt.

Zettel-Kartei

Der letzte Tipp zum Schriftlichkeits-Prinzip ist die Zettel-Kartei. Das ist für postmoderne Menschen vermutlich ein Relikt aus vergangenen Tagen, das nur noch dazu verwendet wird, um Vokabeln zu lernen. Man kann solch eine Kartei aber auch als Ideenpool für anstehende Projekte verwenden. Dazu schreiben Sie jeden Bereich des Projekts auf eine Karteikarte. Zum Beispiel: Programm - Verpflegung - Einladungen - etc. Wenn Sie nun eine Idee oder ein sogenanntes To-do für einen der Bereiche haben, können Sie die jeweilige Karteikarte hervorziehen und die Idee oder das To-do dort notieren. Das wäre eine Möglichkeit, die sog. Zettel-Kartei anzuwenden.

Sie können dies natürlich auch auf elektronischem Wege lösen, sofern Sie eine geeignete Software dafür haben. Der Phantasie sind auch hier keine Grenzen gesetzt, wie überhaupt bei der gesamten Schriftlichkeits-Idee. Entscheidend ist nur, dass Sie die Dinge nicht nur im Kopf bewegen, sondern die offenen Enden des Lebens in einem System anbinden, damit der Kopf frei wird für die wirklich wichtigen Dinge!

Zum Schluss dieses Kapitels noch ein genereller Tipp für die Verwendung von Techniken in der Zeit- und Lebensplanung: Solange eine Methode oder Technik hilfreich für Ihre Planungen bzw. Ihre Arbeit ist und Sie nicht länger aufhält als notwendig, können Sie alles für Ihre Zeit- und Lebensplanung verwenden. Hauptsache es funktioniert.

Allerdings benötigen alle Techniken Zeit und Disziplin, weil sie angewandt bzw. gepflegt werden müssen, um zu Gewohnheiten und dadurch zu einer großen Unterstützung zu werden. Ich denke, es ist deutlich geworden, dass Zeit- und Lebensplanung nicht nebenbei erledigt werden kann. Es ist eher ein lebenslanger Prozess, bei dem Sie immer wieder dazulernen können.

Wer dranbleibt und das Geheimnis erfolgreicher Lebensplanung nutzt, kann diesen Schatz heben und zukünftig viel Gelassenheit und einen freien Kopf genießen, für die wirklich wesentlichen Dinge des Lebens. Eine Hilfe dazu finden Sie in Anlage 2, ein Formblatt zum Planungsprinzip der Schriftlichkeit.

Ein Leben mit Vision

„Vision ist die Kunst, Unsichtbares zu sehen."[13]

„Ich will dich unterweisen und dir den Weg zeigen, den du gehen sollst; ich will dich mit meinen Augen leiten."

(Psalm 32,8)

Wenn es um Zeit- und Lebensplanung geht, hört man manche sagen: „Fange erst einmal klein an. Nimm dir den Leporello-Kalender von deiner Hausbank, und schreibe deine Termine rein, das reicht". Wenn Sie nur Ihre Termine aufschreiben möchten, ist das sicher ein ausreichendes Instrument. Wenn es allerdings um Zeit- und Lebensplanung geht, werden Sie mit einem Leporello-Kalender nicht weit kommen.

Und deshalb möchte ich an dieser Stelle einen Horizont eröffnen, der weit über das bloße Organisieren und Verwalten hinausgeht. Eine Langzeitstudie (20 Jahre) unter Harvard-Absolventen hat ergeben, dass die Menschen, die sich Ziele setzten und diese auch formuliert und niedergeschrieben hatten, innerhalb der Studie finanziell unabhängig wurden. Das waren 3% der befragten Personen.

10% der Absolventen, die eher allgemeine Ziele verfolgten, hatten dennoch ein finanziell komfortables Leben. 60% der Absolventen hatten sogenannte Überlebensziele, die ihnen ein Leben von Gehaltszahlung zu Gehaltszahlung einbrachten. Die restlichen hatten keine Ziele und waren abhängig von finanzieller Unterstützung.

Natürlich ist finanzieller Wohlstand nur ein kleiner Teil des gesamten Lebensgefühls, aber es zeigt dennoch, welche Macht Ziele und Visionen in unserem Leben haben können. Eine weitere Untersuchung von Prof. Dr. Arnold Weissmann[14] unterstreicht dies. Er hatte herausgefunden, dass ca. 3% der deutschen Unternehmen im Durchschnitt 100% mehr Gewinn machten als der Branchendurchschnitt. Bei näherem Hin-

---

[13] Jonathan Swift. Anglo-irischer Erzähler, Moralkritiker und Theologe (1667-1745).

[14] Er hat die sog. „Weissmann Gruppe" gegründet, ein deutsches Unternehmen, dass es sich zur Aufgabe gemacht hat, im deutschsprachigen In- und Ausland vor allem Familienunternehmen strategisch zu beraten.

sehen stieß er in diesen Unternehmen auf klar formulierte, schriftliche Ziele, die in Aktionspläne umgesetzt und allen Mitarbeitern bekannt gegeben wurden.

12% der deutschen Unternehmen hatten klar formulierte Ziele und machten diese auch ihren Mitarbeitern bekannt, formulierten aber keine Aktionspläne und bestimmten auch keine Verantwortlichen für die entsprechenden Teilschritte. Dennoch machten sie 46% mehr Gewinn als der Branchendurchschnitt. Die anderen 85% hatten keine klar formulierten Zielsetzungen und waren deshalb auch nur Branchendurchschnitt.

Ein weiteres Beispiel dafür, wie wichtig es ist, über den Taschenkalender hinaus zu schauen und seinem Leben ein Ziel bzw. eine Vision zu geben, ist der österreichische Psychologe Viktor Frankl, der die Vernichtungslager der Nazis überlebt hat. Er schaffte es, sich über die demütigenden Umstände seiner Gefangenschaft zu erheben, und wurde so nicht nur zum Beteiligten, sondern auch zum Beobachter seiner Erfahrungen. Er achtete auf andere, die sein Leid teilten und fragte sich, warum manche Menschen überlebten, während die meisten zugrunde gingen. Dabei untersuchte er Faktoren wie Gesundheit, Lebenskraft, Familienstruktur, Intelligenz und Überlebensfähigkeit. Schließlich kam er zu dem Schluss, dass keiner dieser Faktoren entscheidend war.

In seinem Buch mit dem Titel „Ein Mensch vor der Frage nach dem Sinn" berichtet er, dass die Zukunftsvision - also die zwingende Überzeugung der späteren Überlebenden, in ihrem Leben noch eine Aufgabe erledigen zu müssen - der bedeutsamste Einzelfaktor für das Überleben dieser Menschen war. Die Kraft einer Vision ist unglaublich!

Wissenschaftliche Untersuchungen[15] zeigen, dass Kinder mit „zukunftsorientierten Rollenbildern" bessere schulische Leistungen erbringen und insgesamt besser mit den Herausforderungen des Lebens umgehen. Nach Erkenntnissen des niederländischen Soziologen Fred Polak ist einer der wichtigsten Faktoren, der über den Erfolg einer Zivilisation entscheidet, die „kollektive Vision", die die Menschen von ihrer Zukunft haben. Stephen R. Covey schreibt dazu in dem Zeitmanagement-Klassiker „Der Weg zum Wesentlichen" (First Things First):

---

[15]   Vgl. Covey: Weg, S. 100.

„Vision ist die deutlichste Offenbarung der Vorstellungskraft und die hauptsächliche Triebfeder menschlichen Handelns. Sie ist das Vermögen, über unsere gegenwärtige Realität hinauszublicken, etwas noch nicht Existierendes zu erfinden und zu schaffen, jemand zu werden, der wir noch nicht sind. Vision verleiht uns die Fähigkeit, nicht aus unserer Erinnerung, sondern aus unserer Vorstellung heraus zu leben."[16]

Dem kann ich aus eigener Erfahrung nur zustimmen. Und weil das so ist, möchte ich mich mit Ihnen nicht nur im „klein-klein" der Zeit- und Lebensplanung verlieren, sondern zunächst die großen Linien des Lebens ziehen. Zum „klein-klein" des Alltags werden wir noch kommen. Machen wir uns nun daran, eine Vision für Ihr Leben zu finden. Nicht selbst zu erfinden, bzw. sich selbst auszudenken, denn die Bibel weißt uns dazu auf Folgendes hin:

„Des Menschen Herz erdenkt sich seinen Weg; aber der HERR allein lenkt seinen Schritt." (Sprüche 16,9)

Gott, der Schöpfer des Menschen, hat sich etwas dabei gedacht, als er den Menschen geschaffen hat. Und das gilt nicht nur für den ersten Menschen - Adam - wie die Bibel bestätigt. Denn dort sind Worte zu lesen, die von Gottes Sehnsucht und seiner Liebe zu jedem einzelnen Menschen sprechen:

„Deine Augen sahen mich, als ich noch nicht bereitet war, und alle Tage waren in dein Buch geschrieben, die noch werden sollten und von denen keiner da war."

(Psalm 139,16)

Und deshalb werde ich mich mit Ihnen auf die Suche machen, das zu finden, was Gott bereits in Ihr Herz gelegt hat, bevor er sich dafür entschieden hat, Ihnen auf dieser Welt eine Heimat zu geben. Das Ergebnis davon ist ein Leben mit einer Vision. Der Weg dahin führt uns durch verschiedene Workshops, die Sie mit Gott besprechen können. Reden Sie einfach frei mit Gott darüber und hören Sie auf Ihr Herz, was dort für spontane Gedanken als Antwort(en) auftauchen. Sie werden

---

[16] Covey: Weg, S. 101.

erstaunt sein, was sie dabei zu „hören" bekommen. Ich selbst praktizie-
re dies seit Jahren und habe herrliche Erfahrungen damit gemacht. Machen wir uns also auf den Weg. Es wird spannend!

Jeder von uns hat in seinem Leben verschiedene Rollen, die er einnimmt. Jörg Knoblauch spricht von verschiedenen „Lebenshüten", die
Sie auf haben. Dazu ein Beispiel aus meinem Leben: Ich bin der Ehemann meiner Frau, Angelika. Der erste Lebenshut ist also „Ehemann
sein". Dann bin ich auch Vater von drei Kindern, ein weiterer Lebenshut.
Von Beruf bin ich zurzeit selbstständig als Gründer und Leiter von HWZ
Ministries. Wieder ein Lebenshut. Und schließlich nenne ich noch - neben kleinerer „Hütchen" - die Tätigkeit als Autor verschiedener Bücher.
Auch das ist einer meiner Lebenshüte.

Ich denke damit ist klar geworden, was unter einem Lebenshut zu
verstehen ist. Nun möchte ich Sie bitten, über Ihr Leben nachzudenken
und sich dabei zu fragen, welche Lebenshüte Sie in welchen Lebenssi-
tuationen aufhaben. Tragen Sie diese bitte in die folgende Tabelle ein.
Die Zahlen eins bis sieben haben dabei keine Bedeutung im Sinne einer
Priorität. Es dient nur der Aufzählung und soll Ihnen eine Grenze bewusst machen, damit Sie sich in Ihrem Leben nicht zu viel zumuten, weil
Sie zu viele Hüte aufhaben.

Lebenshüte	
1	
2	
3	
4	
5	
6	
7	

Auf der Basis dieser Erkenntnisse möchte ich Sie nun zu einem Workshop[17] einladen, der Sie in Etappen dazu führen wird, Ihre Lebensvision bzw. Ihr Lebensziel zu finden.

Workshop: Lebensvision

In einem ersten Schritt möchte ich Sie bitten, Ihre Lebenshüte in die linke Spalte der Tabelle auf der nächsten Seite einzutragen.

Übung 1: Laudatio zum 70. Geburtstag

Nun möchte ich Sie dazu einladen, einige Minuten Ihre Gabe der Vorstellungskraft zu gebrauchen. Lassen Sie bitte vor Ihrem inneren Auge das Bild Ihres eigenen 70sten Geburtstags entstehen. Das ist vielleicht nicht ganz so einfach, vor allem wenn Sie noch sehr jung sind, aber versuchen Sie es einfach einmal.

Stellen Sie sich eine wunderbare Feier vor, die Ihre Lieben, Ihre Freunde und Ihre Mitstreiter aus allen Lebensbereichen, Ihnen zur Ehre vorbereitet haben. All diese Menschen sind gekommen, um Ihnen zu diesem runden Geburtstag zu gratulieren. Ein langes Leben liegt hinter Ihnen und Sie haben Ihre Rollen wirklich nach besten Kräften erfüllt. Haben Sie das Bild vor Augen? Dann möchte ich Sie bitten, darauf zu hören, was bestimmte Personen in einer Laudatio über Sie sagen würden. Dabei können folgende Fragen eine Hilfe sein:

- Welche deiner Charaktereigenschaften werden sie besonders hervorheben?
- Welche positiven Impulse sind von dir ausgegangen?
- Welche deiner Verdienste, Erfolge und Leistungen sind den anderen im Gedächtnis geblieben?
- Und dann vielleicht noch: Was hoffst du, dass sie aus deinem Leben verschweigen würden?

Die Personen, die diese Beurteilungen aussprechen, haben Sie schon festgelegt, indem Sie ihre Lebenshüte bestimmt haben. Und nun lassen Sie diese Personen zu Ihnen sprechen und schreiben Sie die Ergebnisse in die rechte Spalte.

---

[17] Vgl. Covey: Weg, S. 292-301.

Übung 1: Laudatio zum 70. Geburtstag

1. Lebenshut:

2. Lebenshut:

3. Lebenshut:

4. Lebenshut:

5. Lebenshut:

6. Lebenshut:

7. Lebenshut:

Übung 2: Bedürfnisse und Fähigkeiten

Bei der zweiten Übung zur Lebensvision geht es darum, den eigenen Bedürfnissen und Fähigkeiten auf die Spur zu kommen. Dabei sollen Sie sich selbst bzw. die Situation wahrnehmen, in der Sie sich gerade befinden. In diesem Zusammenhang wird sich auch klären, was Sie unter Lebensqualität verstehen.

Was ist für Sie Lebensqualität? Wenn Sie gesund sind, eine Familie haben, ein eigenes Haus und ein schönes Auto? Oder wenn Sie erfolgreich im Beruf sind, viel Geld haben und regelmäßig an die Urlaubsorte reisen können, die Ihnen gefallen? Die Antworten auf diese Fragen werden Ihnen helfen, sich selbst wahrzunehmen.

Danach folgen drei Themenkreise, die zu Lebensqualität zu bearbeiten sind: Gewissen, Wille und Vorstellungskraft:

Gewissen:
Das ist die Frage nach dem, was Sie antreibt. Und es ist die Frage danach, welche Werte, Denkmuster, Vorstellungen, Prägungen oder ähnliches für das verantwortlich sind, was Sie tun oder noch tun möchten. Und dazu noch die Frage nach den Prinzipien bzw. Umständen, die für Sie zu Lebensqualität führen.

Wille:
Dabei geht es darum, welche Entscheidungen Sie treffen müssen, um Ihre Bedürfnisse und Fähigkeiten zu erfüllen. Wobei Sie dabei auch überlegen sollten, von welchen „Antreibern" Sie sich evtl. lösen sollten. Nicht alles, was Sie zu etwas antreibt, hat dabei Ihre Lebensqualität im Sinn. Dieser Themenkreis ist eng mit den Fragen um das Gewissen verbunden und soll Ihnen einfach helfen zu erkennen, wo Ihre inneren Antriebe liegen.

Vorstellungskraft:
Hierbei geht es um die Frage, welche konkreten Ergebnisse Sie sich im Rahmen Ihrer Vorstellungen von Lebensqualität wünschen, und was Sie von sich aus tun können, um diese Ergebnisse herbeizuführen.

Tragen Sie Ihre Gedanken und Ergebnisse bitte in die Tabelle auf der nächsten Seite ein.

Übung 2: Bedürfnisse und Fähigkeiten

Selbstwahrnehmung

+ Wie sieht meine aktuelle
Situation aus?
+ Welche Vorstellungen
habe ich von Lebensquali-
tät?

Gewissen

+ Was in mir drängt auf
Erfüllung?
+ Welches sind die Prinzipien, die für mich zu Le-
bensqualität führen?

Wille

+ Welche Entscheidungen
muss ich treffen, um meine
Bedürfnisse und Fähigkei-
ten zu erfüllen?
+ Von welchen Prägungen
muss ich mich lösen?

Vorstellungskraft

+ Welche konkreten Ergeb-
nisse wünsche ich für meine Lebensqualität?
+ Was kann ich tun, um sie
herbeizuführen?

Übung 3: Klausur

Ich finde es wirklich schön, dass Sie bis hierher durchgehalten haben. Bitte versuchen Sie noch nicht, die einzelnen Übungen in einen Zusammenhang zu bringen. Das ist zum momentanen Zeitpunkt weder erforderlich noch erwünscht. Wichtig ist, dass Sie sich für die einzelnen Übungen Zeit nehmen und sie konsequent zu Ende bringen. Am Ende der vier Übungen werden die Bausteine zusammengeführt.

Ich denke, dass dieser Workshop Lebensvision manches in Ihrem Leben verändern kann. Bis dahin, dass Sie sich vielleicht sogar ein anderes Berufsfeld suchen möchten, weil Sie im Verlauf des Workshops feststellen, dass Ihr bisheriges Aufgabenfeld nicht mit dem übereinstimmt, was Sie eigentlich tun sollten. Das muss nicht sein, aber es kann. Dennoch würde ich es an Ihrer Stelle riskieren, am Ende des Workshops Ihre Lebensvision zu formulieren. Es lohnt sich.

Aber nun zu dieser Übung, die etwas Zeit benötigt, damit Sie mit sich selbst in Klausur gehen können, um folgende Fragen zu beantworten. Bitte beantworten Sie diese nicht im Kopf, sondern schreiben Sie Ihre Antworten auf. Denken Sie an das Schriftlichkeits-Prinzip!

- Was sind nach meiner Ansicht meine größten Stärken?
- Welche Stärken haben andere an mir beobachtet?
- An welchen Tätigkeiten habe ich große Freude?
- Welche Charaktereigenschaften bewundere ich an anderen am meisten?
- Welcher Mensch hat den größten Einfluss auf mein Leben ausgeübt und warum?
- Was waren die glücklichsten Augenblicke in meinem Leben und warum?
- Was sehe ich, wenn ich Tagträume habe?
- Was sind die drei oder vier wichtigsten Dinge für mich?
- Welche Aktivitäten halte ich im Blick auf mein Berufsleben für die wertvollsten?

- Welche Aktivitäten halte ich im Blick auf mein Privatleben für die wertvollsten?

- Gibt es Dinge, die ich dem Gefühl nach unbedingt machen sollte? Welche?

- Welches sind die wichtigsten Lebensziele, die ich im Rahmen meiner Lebenshüte erreichen möchte?

Übung 4: Minuten-Übungen

Bitte nehmen Sie sich bei dieser Übung Zeit, um die Fragen zu beantworten, die sich mit Ihren Träumen und Werten befassen:

- Nehmen Sie sich eine Minute Zeit zur Beantwortung folgender Frage: Wenn ich unbegrenzte Zeit und Mittel hätte, was würde ich dann tun? (Bitte unbegrenzt träumen und nichts blockieren)

- Nehmen Sie sich eine Minute Zeit, um Ihre Werte aufzuschreiben. Hier einige Werte als Beispiel: + Frieden + Sicherheit + Reichtum + Gesundheit + Anerkennung + spirituelle Erfüllung

- Nehmen Sie sich eine Minute Zeit, um Ihre Liste mit Werten durchzugehen und die wichtigsten fünf herauszufinden.

- Nehmen Sie sich einige Minuten Zeit, um diese fünf Werte mit Ihren Träumen zu vergleichen. Vielleicht träumen Sie von einem Leben wie Indiana Jones, halten aber eigentlich wenig davon, durch Spinnweben zu kriechen und neben Skorpionen zu schlafen. Geben Sie sich keinen Illusionen hin. Arbeiten Sie an den beiden Listen bis Sie das Gefühl haben, das Ihre Träume Ihre Werte auch wirklich widerspiegeln.

- Nehmen Sie sich eine Minute Zeit, um sich die Beziehung Ihrer Werte zu den vier fundamentalen Bereichen menschlicher Erfüllung zu überlegen. Bringen sie Ihre physischen, sozialen, beruflichen und spirituellen Bedürfnisse und Fähigkeiten zum Ausdruck? Arbeiten Sie an der Liste, bis dies der Fall ist.

- Nehmen Sie sich zuletzt noch einmal eine Minute Zeit, um folgende Frage zu beantworten: Welche Maßnahmen werden zu Ergebnissen führen, die die Werte auf meiner endgültigen Liste widerspiegeln?

Lebensvision

Nun ist es soweit. Sie haben sich mit den vier Übungen befasst und damit ein enormes Pensum absolviert. Gratuliere! Nun haben Sie nur noch zwei wichtige Schritte vor sich, bevor Sie eine Lebensvision in Händen halten können.

Für den ersten Schritt möchte ich Sie bitten, jeweils einen Kernsatz zu den Übungen 1 bis 4 zu formulieren, der das auf den Punkt bringt, was Sie dort an Themen und/oder Inhalten erarbeitet haben. Aus der Übung 1 könnte dieser Satz z.b. lauten: „Meine Laudatoren halten mich für einen strukturierten und sachorientierten Menschen, der treu und zuverlässig ist und die Menschen respektiert und achtet".

Wenn Sie sich die Beispiele von ausformulierten Lebensvisionen in Anlage 3 dieses Buches anschauen, werden Sie feststellen, dass sich solch ein Satz durchaus hinter der einen oder anderen Lebensvision verbergen könnte.

1.
2.
3.
4.

Nachdem Sie die vier Kernsätze formuliert haben, geht es nun an die Formulierung der Lebensvision, die in der Regel mindestens vier Eigenschaften in sich vereint. Sie ist

- persönlich,
- positiv,
- in Gegenwartsform,
- emotional

formuliert, muss aber nicht in einen Satz zusammengefasst werden. Dazu lege ich Ihnen noch einmal die Beispiele von Lebensvisionen aus Anlage 3 ans Herz, das wird es Ihnen erleichtern. Auch ich selbst habe mich bei der Formulierung meiner Lebensvision an den Beispielen anderer orientiert. Das erleichterte es ungemein, auch wenn es mir nicht darum ging, Inhalte zu kopieren. Aber wenn Sie die Lebensvisionen anderer Menschen auf sich wirken lassen, bekommen Sie ein Gefühl dafür, was auch aus den Inhalten Ihres Workshops werden könnte. Und vergessen Sie nicht, sich mit Gott über all die Ideen, Sätze, Themen, Antworten und Formulierungen zu unterhalten. Es geht bei der Lebensvision ja darum, das herauszufinden, was Gott für Ihr Leben möchte. Wenn Sie es mit ihm besprechen, werden Sie erstaunt sein, was für eine motivierende Lebensvision am Ende herauskommen wird.

Bitte formulieren Sie nun als „Extrakt" aus den Kernsätzen Ihre persönliche Lebensvision:

Beispiele dazu finden Sie in Anlage 3

Noch einen kleinen Tipp möchte ich Ihnen geben, bevor wir in den nächsten Kapitel weitere Schritte in die Details der Zeit- und Lebensplanung unternehmen: Eine Lebensvision abzufassen ist kein Punkt, den man einfach abhaken kann. Wer das tut, kann erleben, was folgende Frau erlebt hat[18]. Sie erzählt:

„Ich habe mein Leitbild aufgeschrieben und mich dabei sehr gut gefühlt. Aber dann habe ich es in meinen Ordner abgelegt und geistig abgehakt. In den nächsten Monaten hatte ich sehr viel Erfolg im Beruf, setzte mir Ziele, machte Fortschritte. Aber der Schwerpunkt meines Lebens hat sich dabei immer mehr auf's »Haben« verlagert: »Ich will ein neues Auto haben«, »Ich will ein neues Haus haben«. Ich schrieb Ziele auf: »Wir wollen ein neues Haus bauen.« Was brauchen wir also dafür? Einen bestimmten Betrag ansparen, die Voraussetzungen für einen Kredit erfüllen - solche Dinge. Ich dachte, ich mache alles richtig. Und

---

[18] Covey: Weg, S. 111.

dann saß ich eines Tages spätnachts allein in meinem schönen Haus und dachte: »Warum bin ich nicht glücklich?« Ich hatte gemeint, wenn wir den Kredit abgeschlossen haben, wenn wir die Papiere unterschrieben haben, dann werde ich mit einem Schlag alles haben, wofür ich gearbeitet habe. Aber ich fühlte mich nur einsam. Zufällig fiel mein Blick auf den Ordner und ich las, was ich über mein Leitbild geschrieben hatte. Es war nichts Materialistisches drin. Alles war »Sein«: »Ich möchte ein guter Menschen sein.« »Ich möchte ein Vorbild sein.« »Ich möchte eines Tages eine gute Mutter sein.« Ich fing an zu weinen. Ich hatte geglaubt, sobald ich das Auto habe und das Haus, werde ich glücklich sein. Aber ich sah mir das alles an und wusste, dass es nicht das war, was ich eigentlich wollte."

Das, was sie eigentlich wollte, das, wofür ihr Herz geschlagen hatte, stand in ihrer Lebensvision. Sie hatte sie aber einfach beiseitegelegt, nachdem sie mit der Formulierung fertig war, und es nicht in ihr Leben integriert. Damit hatte sie sich einen Bärendienst erwiesen, denn eine Lebensvision ist dazu gedacht, Ihrem Leben Sinn zu geben und letzten Endes Ihren Alltag zu bestimmen.

Wobei ich auch sagen muss, dass eine Lebensvision nicht statisch ist. Sie wird sich in Ihren Inhalten vermutlich nicht mehr grundlegend verändern, wenn sie beim ersten Mal gut ausgearbeitet ist. Aber sie wird sich dennoch in gewissem Maße weiter entwickeln, wenn sie zum ständigen Begleiter in Ihrem Leben wird. Bleiben Sie immer mit Gott über Ihre Vision im Gespräch und wenden Sie diese auf Ihren Alltag an, dann werden Sie es selbst erleben!

Mit Zielen mutig voran

*„Der Langsamste, der sein Ziel nicht aus den Augen ver-
liert, geht noch immer geschwinder, als jener, der ohne Ziel
umherirrt."*[19]

„Pläne kommen zum Ziel, wenn man sich recht berät."

(Sprüche 20,18)

Unsere Welt ist voller Wünsche, die durch alle möglichen Anreize in uns
geweckt werden: „Oh, das hätte ich gerne...", „Wenn ich dies erreichen
könnte, das wäre toll...", „Wie schön wäre es, wenn ich...". Alles Sätze,
die Sie immer wieder hören können, denn wir Menschen haben einfach
Wünsche und das ist auch völlig legitim.

Aber haben wir auch Ziele? Oder es geht uns manchmal einfach nur
so, wie es Mark Twain einmal zum Ausdruck brachte: *„Nachdem wir das
Ziel endgültig aus den Augen verloren hatten, verdoppelten wir unsere
Anstrengungen!"*[20] Das klingt nicht gut. Hin- und hergerissen zwischen
Wünschen und Zielen, ohne zu wissen, was man will.

Doch das dürfen Sie nicht missverstehen, denn Wünsche sind zunächst einmal etwas Wunderbares. Aus Wünschen und Vorstellungen
sind in dieser Welt schon ganz viele Dinge entstanden. Aber entstanden
diese Dinge nicht gerade deshalb, weil es nicht nur alleine beim Wünschen geblieben ist?

Welche Rolle spielen Ziele in Ihrem Leben? Was bedeuten sie für
Sie? Für mich heißt Ziele setzen: Leben gestalten, Initiative entwickeln
und zu fragen: Was will ich eigentlich, was treibt mich an? Letzten Endes komme ich dadurch sogar zu der Frage nach meinen Werten. Wenn
Sie z.B. zum Ziel haben, der Beste in Ihrem Jahrgang, bei einem Lehr-
gang oder in der Abteilung zu sein, stellt sich damit auch die Frage, was
Erfolg für Sie bedeutet. Das gleiche gilt auch für materielle, ideelle und
geistliche Ziele.

---

[19]   Gotthold Ephraim Lessing. Bedeutender Dichter der deutschen Aufklärung (1729-1781).
[20]   Handbuch für Leitungsaufgaben in der Gemeinde, Gießen ²1992, S. 63.

„Ziele setzen" ist also zunächst einmal ein ganz spannender Prozess, bei dem Sie sich auch über die Antriebskräfte Ihres Lebens klar werden können. *„Denn wo dein Schatz ist, da ist auch dein Herz!"* hat Jesus in Matthäus 6,21 gesagt, und bringt es damit auf den Punkt!

Walter Elias Disney, der Vater von Mickey Mouse, hat einmal gesagt: *„Träume nicht dein Leben - lebe deinen Traum!"* Er war der Pionier des Zeichentrickfilms und hat in seinem Leben Dinge erreicht, die keiner für möglich gehalten hätte, wie z.b. Disneyland (Kalifornien, Frankreich, China, Japan, etc.). Und das nur deshalb, weil er eben kein Träumer geblieben ist.

Wer sein Leben nur mit Träumen und Wünschen umrahmt, wird es in den meisten Fällen so ergehen, wie der amerikanische Sachbuchautor Brian Tracy einmal zu Themen wie Erfolg und Wirtschaft schrieb: *„Wer keine Ziele hat, ist ein Leben lang dazu verurteilt, für Leute mit Zielen zu arbeiten!"* Doch wer von uns möchte schon sein ganzes Leben für die Ziele anderer Menschen arbeiten? Das steckt doch gar nicht in uns Menschen drin.

Setzen wir uns also Ziele, die allerdings in ganz verschiedenen Arten vorkommen, wie z.B. das Lebensziel oder auch Lebensvision genannt, das ich im letzten Kapitel ausführlich behandelt habe. Ich hoffe, dass Sie inzwischen zu einer Lebensvision gefunden haben. Ich selbst habe vor über 20 Jahren das erste Mal an einer Lebensvision für mein Leben gearbeitet. In möglichst enger Zusammenarbeit mit Jesus entstand dabei dieses Ziel für mein Leben:

> *„Meine geistlichen Gaben, meine natürlichen Fähigkeiten und meine strukturierte Art so einsetzen, dass andere Menschen ihr Potential entfalten können, das Gott in sie hineingelegt hat!"*

Dieses Buch ist z.B. ein Teil dieser Lebensvision. Oder wenn ich in der christlichen Gemeinde in der Leiterschaft oder Schulung mitarbeite, lebe ich auch einen Teil dieser Vision. Und auch als selbstständiger Leiter von HWZ Ministries blitzt diese Vision hinter der einen oder anderen Ecke hervor. Es war ein Prozess, dieses Ziel zu entwickeln und es dann auch zu leben. Ich denke, wenn es nicht mein Lebensziel wäre, könnten Sie heute diese Sätze nicht lesen.

Als weitere Ziel-Art gibt es die langfristigen Ziele, die sich über einen Zeitraum von fünf bis sieben Jahren erstrecken können. Das wäre z.B. die Zeit eines Studiums, einer Ausbildung, eines Projektes oder einer befristeten Arbeit. Ein überschaubarer Zeitraum, in dem in den meisten Fällen die Lebensvision zwar noch nicht erreicht wird, Sie dieser aber möglicherweise einen entscheidenden Schritt näher kommen können. Damit ich meine Lebensvision umsetzen kann, habe ich diese immer wieder auf die langfristigen Ziele heruntergebrochen.

Ich nenne Ihnen ein Beispiel aus meinem Leben, damit Sie sehen, wie eine Lebensvision bis auf die sogenannten Tagesziele herunter gebrochen werden kann. Im Rahmen meiner obigen Lebensvision habe ich mir das langfristige Ziel gesteckt, eine Lizenz zum Gemeindeberater zu erwerben. Dazu habe ich mir mittelfristige Ziele gesetzt, wie z.B., dass ich jedes Jahr mindestens eine Fortbildung zum Thema Gemeinde-Coaching bzw. Gemeindeberatung absolvieren möchte.

Die dazugehörigen Wochen- und Tagesziele waren folgende: In der Zeit der Lizenzierung hielt ich mir jede Woche mindestens einen halben Tag frei, um mich in Fragen von Gemeinde-Coaching, Gemeindebau und Coaching von Leitungsteams weiterzubilden. Und als Tagesziel innerhalb dieser Woche hatte ich mir jeden Tag ca. 30 Minuten Lesezeit freigehalten, um Bücher oder Artikel zum Thema Beratung oder Coaching zu lesen. Im Jahr 2002 habe ich die Lizenz zum Gemeindeberater abgeschlossen.

In diesem Beispiel können Sie sehen, wie eine Lebensvision in langfristige, mittelfristige und kurzfristige Ziele heruntergebrochen werden kann. Sie werden Ihre Lebensvision nicht erreichen, wenn Sie diese nicht in kleine Schritte aufteilen, die Sie im Rahmen eines Tages, einer Woche, eines Monats oder eines Jahres erreichen können. Auf diese Weise können Sie langfristige Ziele erreichen, die dann wiederum einen Teilbereich Ihrer Lebensvision ausmachen.

Damit Sie dies für Ihre Lebensvision und deren Umsetzung nutzbar machen können, schauen wir uns Ziele zunächst einmal von der inhaltlichen Seite an. Hier gibt es eine Vielzahl von Hilfen, die oftmals in sogenannten Akronymen eingebaut sind. Ich möchte eines davon herausgreifen und Ihnen danach zeigen, welche inhaltlichen Kriterien ich für meine persönlichen Ziele verwende.

S-M-A-R-T[21]

S	Spezifisch	Ziele müssen eindeutig definiert sein (nicht vage, sondern so präzise wie möglich).
M	Messbar	Ziele müssen messbar sein (Messbarkeitskriterien).
A	Aktionsorientiert	Ziele müssen Ansatzpunkte für positive Veränderungen aufzeigen.
R	Realistisch	Ziele müssen möglich sein.
T	Terminierbar	Ziele müssen klare Terminvorgaben aufweisen (Start? Zeitraum? Zielpunkt?).

Ein weiteres ist weniger ein Akronym als vielmehr eine Buchstabenfolge: M-M-M. Sie stammt von Gary Ryan Blair, einem Fachmann in Sachen „Ziele setzen". Er schrieb dazu: *„Ein Ziel besteht aus drei Teilen: (1) Es ist messbar. (2) Es ist machbar. (3) Es ist motivierend."*[22] Für mich gilt, wo immer es möglich ist, der Grundsatz: Halte es einfach. Und darum plädiere ich bei der inhaltlichen Gestaltung von Zielen für die sogenannten „3-M-Ziele".

Dabei steht ein **„M"** für **messbar!** Das bedeutet, dass Sie ein Ziel sehr konkret formulieren müssen. Sie kennen z.B. die Vorsätze zum neuen Jahr. An erster Stelle finden sich dort fast ausnahmslos: „Ich will mehr Sport machen!" und „Ich will abnehmen!" Aber sind das wirklich schon Ziele? Nein, weil sie viel zu schwammig und unverbindlich formuliert sind. Konkret wäre: „Ab morgen werde ich drei Mal die Woche für 30 Min. joggen". Das ist messbar. Es geht nämlich im Grunde nicht darum, sich nur vorzunehmen, mehr zu machen, sondern es geht darum, dass Sie am Ende auch mehr gemacht haben. Und ob Sie drei Mal die Woche unterwegs waren, können sie auf jeden Fall kontrollieren.

Das nächste **„M"** steht für **machbar!** Das ist ein schwieriger Punkt, der aber mit etwas Erfahrung immer leichter zu bewältigen ist. Ziele sollten letztendlich auch machbar sein. Dennoch sollen sie nicht so formuliert sein, dass Sie die Verwirklichung einfach aus dem Ärmel schüt-

---

[21] SMART - englisch: smart - übersetzt: „schnell, gewitzt, schlau".
[22] Blair: Zielsetzung, S. 13.

teln können. Wenn der Schritt zu klein ist, den Sie gehen müssen, ist das ebenso frustrierend wie wenn Sie feststellen, dass es nur durch ein Wunder zu schaffen ist. Sollten Sie sich in der Gemeinde z.B. vornehmen, ab sofort jeden Monat einen zusätzlichen kreativen Gottesdienst anzubieten, die normale Veranstaltungswoche incl. Sonntag aber schon vollgepackt ist, ist dieses Ziel im Grunde in der Entstehung schon gescheitert. Es ist nicht machbar!

Und schließlich steht das letzte „M" für **motivierend**! Diese Eigenschaft eines Zieles hängt ganz eng mit dem „machbaren" zusammen. Ein Ziel, das Ihnen nicht machbar erscheint, wird Sie auch nicht motivieren, eher frustrieren. Und ein Ziel, das auch ohne Ihre Mitwirkung erreicht werden kann, wird Sie vermutlich auch nicht sonderlich motivieren. Bei einer Zielformulierung müssen Sie sich deshalb auf den Grad begeben, auf dem ein Ziel gerade noch machbar erscheint, aber auch nicht so groß, dass es zu frustrierender Resignation führt.

Das ist natürlich auch von den Persönlichkeiten und Charakteren derer abhängig, die Ziele formulieren bzw. sich auf Ziele einlassen möchten. Was für den einen machbar ist, ist für den anderen schon fast unmöglich. Und was den einen motiviert, lässt den anderen einfach kalt. Darum ist es wichtig zu lernen, mit Zielen umzugehen, und dabei auch manche Rückschläge einzustecken, weil Sie z.B. feststellen, dass Sie ein Ziel zu hoch gesteckt hatten und deshalb jegliche Motivation in den Keller gerutscht ist. Wer an dieser Stelle nicht bereit ist, auszuprobieren und Risiken einzugehen, wird auch nicht besser werden können.

Ziele setzen heißt: Mangel erzeugen!

Nun noch eine ganz wichtige Lektion in Sachen „Ziele setzen", damit Sie nicht auf dem Weg vom Wunsch zum Ziel grandios auf der Strecke liegen bleiben, was sehr schnell passieren kann. Diese Lektion heißt: Jeder Bereich des Lebens hat seinen Preis. Nehmen Sie z.B. Ihre Aufgabe als Angestellter, Arbeiter, Pastor oder Elternteil. Jeder dieser Lebensbereiche kostet Sie z.B. Ihre Zeit, was übrigens auch für ehrenamtliche Aufgaben und Dienste gilt. Es kostet Ihre Kraft, und manchmal kostet es Sie auch Ihr eigenes Geld.

Diese Dinge müssen Sie sich nicht nur beim Setzen von Zielen bewusst machen. Denn kaum haben Sie sich auf das eine eingelassen, steht schon wieder das nächste vor der Türe und wartet auf Sie. Ich denke, dass Sie damit auch schon Ihre Erfahrungen gemacht haben: Die Zusage für eine Aufgabe, einen Dienst oder die Organisation einer Veranstaltung haben Sie schnell gemacht, aber es ist schwer das eine oder andere davon wieder abzusagen. Wenn Sie also für Ihr Leben und Ihre Gemeinde eine gute Burnout-Prävention betreiben möchten, müssen Sie sich bei jedem neuen Ziel fragen: Passt es noch in mein Leben hinein, oder muss ich dafür etwas anderes sein lassen?

Für etwas zu sein, würde bedeuten, Sie müssen einen Mangel erzeugen, um z.B. einen neuen Bereich in Ihr Leben integrieren zu können. Tun Sie das nicht, kann es passieren, dass Sie angesichts der Aufgabenfülle sehr schnell ins Stöhnen kommen. Ich denke dabei an das Bild einer Kette, wie man sie z.B. an Kränen hat. Jede Kette befestigt, trägt oder hält etwas. Dazu ist sie an einem fixen Punkt befestigt. In diesem Bild ist unser Fixpunkt Ihr Leben an sich. Nun stellen Sie sich vor, dass am anderen Ende der Kette eine Aufgabe nach der anderen befestigt wird. Wie lange wird das wohl gutgehen und die Kette halten? Genau. Nur so lange, bis die Kette reißt. Und das geschieht meistens nicht am stärksten, sondern am schwächsten Glied der Kette.

Dies können z.B. Beziehungen sein, die an Intensität verlieren, weil Sie nicht mehr so viel Zeit für andere haben. Die Zeit für das Privatleben oder die Familie verringert sich, was dazu führen kann, dass man sich auseinander lebt. Konflikte, die auftreten, werden (aus Kraftmangel?) nicht mehr bewältigt, was zu enormer Eskalation führen kann usw. Natürlich ist solch ein Abriss nie geplant. Niemand möchte das haben. Aber gerade weil er nicht geplant ist, wird er zur Katastrophe, wenn es plötzlich passiert.

Darum bitte festhalten: Ziele setzen heißt: „Mangel erzeugen"

Das heißt: Wenn Sie etwas Neues an die Kette Ihres Lebens hängen möchten, wie z.B. eine neue Aufgabe, ein neues Projekt oder irgendetwas anderes, müssen Sie etwas Vorhandenes abhängen, sonst reißt irgendwann einmal die Kette. Wenn Sie nichts abhängen können, sollten Sie nichts Neues mehr beginnen. Sicher können diese Fragen etwas entspannter bearbeitet werden, wenn das Leben gerade harmonisch verläuft. Und Sie können manches auch durch Rationalisierung und die Nutzung von Synergien ausgleichen. Aber das geht nur so lange gut, wie es eben gut geht. Irgendwann einmal müssen Sie den Rotstift ansetzen und streichen, bevor es zur Katastrophe kommt.

Sie merken vielleicht schon: Um dies umsetzen zu können, müssen Sie den Mangel auch wollen. Wenn Sie solchen Mangel jedoch nicht wollen, kann es leicht passieren, dass eben die schwächsten Glieder Ihrer Lebenskette darunter leiden müssen. Beim Kapitel zu Life-Balance werde ich noch einmal darauf zurückkommen.

Übung: Tortendiagramm

Damit Ihnen der Überblick leichter fällt, schlage ich vor, folgende Übung zu machen: Sie zeichnen einen großen Kreis auf ein Blatt Papier. Dieser Kreis stellt Ihr komplettes Leben mit allen Bereichen dar. Nun tragen Sie bitte die Bereiche Ihres Lebens in den Kreis ein und teilen ihn dabei auf, wie eine Torte. Damit haben Sie die Inhalte Ihres Lebens vor sich.

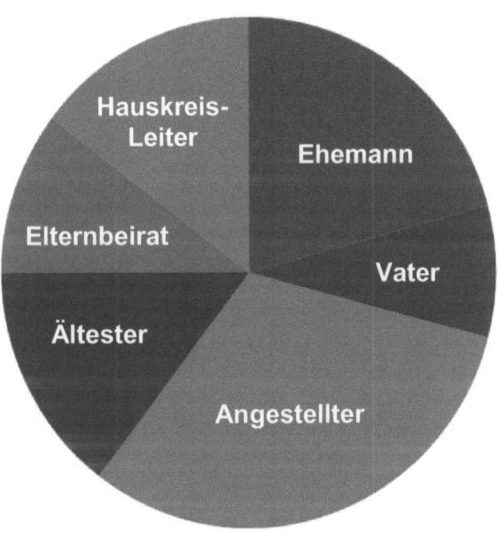

Und nun stellen Sie sich Folgendes vor: Der Wunsch wird an Sie herangetragen, eine zusätzliche, ehrenamtliche Aufgabe zu übernehmen. Was machen Sie jetzt? Der Kreis ist geschlossen. Und sie können auch nicht einfach etwas außen an die Torte kleben.

Wenn Sie also ein neues Tortenstück einfügen möchten, müssen Sie entweder alle anderen Tortenstücke kleiner machen, oder Sie können es nur dadurch lösen, dass Sie ein vorhandenes Tortenstück aus dem Diagramm entfernen. Das bedeutet: Mangel erzeugen. Damit haben Sie eine gute Arbeitsgrundlage für die Life-Balance Ihres Lebens. Und ganz nebenbei bekommen Sie auch noch gezeigt, wo die derzeitigen Arbeitsschwerpunkte Ihres Lebens liegen.

Wenn Sie sich in Sachen „Ziele setzen" noch ein bisschen schwer tun, empfehle ich Ihnen das Formular „Ziele formulieren", das Sie in Anlage 4 dieses Buches finden. In dieses Formular wird oben links das Ziel eingetragen, nach den Kriterien „messbar, machbar und motivierend". Darunter werden einzelne Bereiche dieses Zieles eingetragen, die sich aus den Fragen ergeben, die in der rechten Spalte stehen. Mit der Zeit werden Sie immer mehr Übung darin bekommen, Ziele zu formulieren, sodass Sie dieses Formular über kurz oder lang nicht mehr benötigen werden.

Die Zielfaktoren

Zum Abschluss der Thematik „Ziele setzen" möchte ich noch kurz auf drei Faktoren eingehen, die Sie berücksichtigen sollten, wenn Sie sich für Ihr Leben Ziele setzen.

Ziele können **Schlüsselfaktoren** haben. Es gibt sicher unzählige Möglichkeiten, wie ein Ziel erreicht werden kann, aber es gibt Faktoren, auf die Sie im Grunde nicht verzichten können. Und das sind die sog. „Schlüsselfaktoren". Damit können sowohl Menschen als auch Dinge gemeint sein. Auf jeden Fall sind es Faktoren, die Sie auf keinen Fall außer Acht lassen sollten.

Nehmen wir einmal an, Sie möchten ein Projekt in der Gemeinde umsetzen. Eines der Standardthemen ist z.B. die Anschaffung neuer Technik (Beamer - Musikanlage - etc.). Jedem ist sofort klar, dass dieses Projekt nicht ohne die entsprechenden finanziellen Mittel umgesetzt werden kann. Geld wäre also in diesem Fall ein Schlüsselfaktor.

In einem anderen Fall möchte die Gemeinde eine Band für den Lobpreis aufbauen. Dies geht jedoch nicht ohne einen Lobpreisleiter bzw. Band-Leader, die entsprechenden Musikinstrumente und eine Veränderung im Gottesdienst-Ablauf. Damit hätten Sie es mit mindestens drei Schlüsselfaktoren zu tun, auf die Sie achten müssten, wenn dieses Projekt Erfolg haben soll.

Ziele können **Multiplikatoren** haben. Das sind oftmals die sogenannten „formellen Führer" oder Leiter. Diese Menschen haben leitende Aufgaben in einer Gruppe. Meist sind es einflussreiche Menschen oder Gruppen, die ein Ziel unmittelbar unterstützen oder es auch verhindern können. Das heißt, dass ohne diese Menschen das Ziel nicht umgesetzt werden kann; es kann nicht multipliziert werden. Multiplikatoren können aber auch Dinge oder Menschen sein, die es ermöglichen, erweiterten Zugriff auf Ressourcen zu bekommen wie z.b. Geld, Einfluss oder organisatorische Maßnahmen, die helfen, das Ziel umzusetzen.

Ziele können **Katalysatoren** haben. Das sind in der Regel „informelle Führer" oder Leiter. Niemand hat sie eingesetzt und dennoch haben sie etwas zu sagen. Das können einflussreiche Menschen und Gruppen sein, die ein Ziel nur mittelbar unterstützen oder behindern können, weil sie nicht direkt in den Prozess der Zielsetzung involviert sind. Sie wirken eher im „Hintergrund". Und dennoch sind sie entscheidende Stimmen für bestimmte Personengruppen. Wenn die informellen Führer zu einer bestimmten Sache positiv stehen, kann man davon ausgehen, dass damit auch andere positiv dazu eingestellt werden.

Katalysatoren sind z.B. die Menschen, die eine Organisation gegründet haben, oder die ein Vereinsheim gebaut oder wesentlich mit finanziert haben. Oder es sind Menschen, die Wortführer einer Gruppe Gleichgesinnter sind oder die sonst eine wichtige Stellung haben, ohne dabei ein Amt zu begleiten. Menschen hören gerne auf solche Leute, auch wenn sie kein Amt (mehr) innehaben.

Ein Rat von mir: Nutzen Sie diese Katalysatoren konsequent; auch dann, wenn es Kritiker Ihrer Arbeit oder Ihrer Ziele sind. Sie sollten Ihren Kritikern Ihre Zeit und Ihre Aufmerksamkeit genauso widmen wie Ihren Befürwortern. Wenn Kritiker den Eindruck haben, sie können nicht mehr mitreden, gehen sie womöglich noch intensiver gegen Vorhaben an. Und das sollten Sie verhindern. Sie sollten ihnen aber auch nicht viel mehr Zeit widmen als den Befürwortern, sonst werden Befürworter womöglich zu Kritikern, nur damit Sie ihnen auch Ihre Zeit widmen.

Damit Sie alle Bereiche, Inhalte und Faktoren eines Zieles im Blick behalten, habe ich für Sie ein weiteres Formular entworfen. In Anlage 5 finden sie die „Checkliste: Ziele", anhand derer Sie ein Ziel umfänglich erarbeiten können.

Um gesteckte Ziele im Rahmen einer Strategie nicht aus den Augen zu verlieren, verwende ich in der Arbeit mit Leitungsteams ein Formular (siehe Bild und Anlage 6), in dem jedes Ziel mit den Kriterien „WER macht WAS, WIE, ab WANN, mit welchem ZIEL?" eingetragen werden kann. Zusätzlich verwende ich noch eine Spalte mit dem „Grad der Erledigung", sodass immer ersichtlich ist, wie weit das Erreichen des Ziels noch entfernt ist. Der Vorteil dieser Spalte ist, dass Sie immer dazu angehalten werden, Maßstäbe dafür festzulegen, wann ein Ziel als erreicht gilt.

Dieses Formular verwende ich für alle Gremien, in denen ich tätig bin. Vor jeder Sitzung wird es hervorgeholt und kurz durchgesprochen. Damit sind die Ziele immer präsent und die Verantwortlichen werden hinsichtlich des Erfolgs in die Pflicht genommen. Sie können es auch für Ihre persönlichen Ziele verwenden.

Ein kleiner Nebeneffekt dieses Formulars ist auch, dass ein Gremium sich nicht verkopft, also viel redet und nichts umsetzt, sondern dass Beschlüsse konsequent umgesetzt werden, weil sie durch dieses Instrument jederzeit präsent sind und in ihrer Erledigung überprüft werden können.

Ziele / Projekte / Aktionen 2017   Stand: _____ - Seite __ von __

Nr.	Was?	Wer?	Wie	Start?	Ziel?	Grad der Erledigung	Bemerkungen
1.							
2							
9.							
10.							

Grad der Erledigung: 10% = besprochen - 20% = Recherche - 30% = Entscheidung - 40% = Ak gebildet - 70% = Erarbeitung - 80% = Durchführung - 100% = Erledigt!

Legen Sie fest, was wichtig ist

„Wenn das Gebäude in Flammen steht, mache ich mich nicht an die Spitzbuben, die das Hausgerät stehlen! Ich lösche zuerst das Feuer."[23]

„Trachtet zuerst nach dem Reich Gottes und nach seiner Gerechtigkeit, so wird euch das alles zufallen."

(Matthäus 6,33)

Ziele setzen und Prioritäten festlegen hängen ganz eng zusammen. Wenn Sie sich Ziele setzen, legen Sie damit in gewisser Weise auch Prioritäten fest, denn Sie geben etwas einen Vorrang vor etwas anderem. Reinhard K. Sprenger - einer der zehn einflussreichsten Managementdenker in Deutschland - hat einmal gesagt: *„Keine Zeit! heißt: Anderes ist mir wichtiger!"* Nein, es heißt nicht: „Das, was du von mir möchtest ist unwichtig", sondern es heißt: „Ich habe mir etwas anderes vorgenommen, das für mich eine höhere Priorität hat."

Und damit sind wir schon mitten im großen und weiten Feld der Prioritäten. Bevor wir uns allerdings darin verlieren, möchte ich Ihnen eine kurze Geschichte[24] präsentieren, die Ihnen etwas Grundsätzliches zum Thema Prioritäten zu sagen hat:

Vor einiger Zeit beschloss ein Unternehmensberater in sein neues Haus einzuziehen. „Er beschloss, eine Bekannte mit der Gartengestaltung zu beauftragen. Sie hatte einen Doktorgrad in Gartenbau und wusste sehr viel über dieses Gebiet. Der Berater hatte eine grandiose Vorstellung von seinem Grundstück, aber er schärfte seiner Bekannten immer wieder ein, dass er eine Gartengestaltung wolle, die von seiner Seite wenig oder gar keine Pflege brauchte, weil er sehr viel auf Reisen sei. Er betonte die absolute Notwendigkeit von Sprinkleranlagen und anderen arbeitssparenden Einrichtungen. Vor allem schien ihm daran gelegen, seinen Zeitaufwand für die Gartenpflege in Grenzen zu halten. Schließlich hatte sie genug und sagte zu ihm: »Fred, ich verstehe, wo-

---

23 Georges Jacques Danton. Französischer Revolutionär und Politiker (1759-1794).
24 Vgl. Covey: Weg, S. 75.

rauf du hinauswillst. Aber über eine Sache musst du dir klar werden, bevor wir anfangen können: Ohne Gärtner gibt es keinen Garten!«"

Was möchte ich damit sagen? Die meisten Menschen fänden es großartig, wenn wir unser Leben einfach auf Automatik stellen könnten und es so ganz von alleine zu seinem Ziel kommt. Aber so läuft es nicht im Leben. Sie können in Ihrem Garten nicht einfach ein paar Samen ausstreuen und dann „Fünfe gerade sein lassen". Wenn Sie so handeln, dürfen Sie nicht erwarten, bei Ihrer Wiederkehr einen blühenden Garten vorzufinden. Im Leben bleiben Resultate nicht aus: Aber ob es Blumen sind oder Unkraut, darüber entscheidet allein der Gärtner:

> *„Irret euch nicht! Gott lässt sich nicht spotten. Denn was der Mensch sät, das wird er ernten."* (Galater 6,7)

Es ist ein biblisches Prinzip. Und daraus folgt: Um eine möglichst gute Ernte zu bekommen, müssen Sie sich auf die wichtigen Dinge konzentrieren bzw. die richtigen Prioritäten für Ihr Leben setzen.

Um dies tun zu können, benötigen Sie zunächst einmal einen Pool von Vorgängen, Dingen, Papieren, etc., die Sie vor eine Entscheidung stellen. Die müssen Sie sich aber gar nicht suchen: Wenn Sie sich noch an das Thema „offene Enden" Ihres Lebens erinnern[25], dann haben Sie den Pool schon beieinander. Wenn es gut gelaufen ist, sind diese „offenen Enden" geschlossen, weil sie entweder terminiert sind, oder auf einem Blatt Papier stehen.

Nun ist es aber so, dass „offene Enden" nicht in allen Fällen mit einem Satz auf einem Papier erledigt sind. Wenn Sie z.B. eine Einkommensteuererklärung fertigstellen müssen, gehören zur Bearbeitung der Formulare meist noch Recherchen zu Versicherungen, Ausgaben, etc. dazu. Vielleicht benötigen Sie einen Termin beim Steuerberater und die Sortierung Ihrer Belege ist auch noch ein Thema. Und schon haben Sie die besten Voraussetzungen für eine etwas unsortierte Zettelwirtschaft. In anderen Zusammenhängen können auch Rechnungen, Bons, Einladungen, Ideen, etc. mit „offenen Enden" verbunden sein. Aus diesem Grund bietet es sich an, dafür ein Körbchen einzurichten, das genug Platz bietet für alle nötigen Unterlagen und Zettel.

---

[25] Siehe Kapitel „Impuls zum Thema ZEIT".

Wie Sie diese Ablage organisieren und abarbeiten bzw. in ein Ordnungssystem integrieren können, werde ich im Kapitel „Selbstmanagement ist das A und O" mit Ihnen durchgehen. Doch schon so viel für jetzt: Sie brauchen ein Gefäß[26] - ich nenne es einmal Ablagefach „Eingang" -, in dem alles gesammelt werden kann, das nicht auf das eine, wichtige Blatt geschrieben werden kann (To-do-Liste, Super-Buch, etc.).

Wenn Sie nun dieses Körbchen mit Zetteln bzw. das Papier mit den aufgeschriebenen offenen Enden vor sich haben, entsteht bei den meisten die bewusste oder auch unbewusste Frage: „Wo fange ich an?" Als Antwort könnten Sie die Dinge einfach von oben nach unten abarbeiten, oder wie Sie es sonst für richtig halten. Der Königsweg ist aber, es mit Prioritäten zu versuchen. Dennoch ist alles erlaubt, solange es funktioniert. Übrigens ist auch dies ein biblisches Prinzip, das der Apostel Paulus folgendermaßen formulierte:

„Alles ist mir erlaubt, aber nicht alles dient zum Guten. Alles ist mir erlaubt, aber es soll mich nichts gefangen nehmen." (1. Korinther 6,12)

„Alles ist erlaubt, aber nicht alles dient zum Guten. Alles ist erlaubt, aber nicht alles baut auf." (1. Korinther 10,23)

Es ist also überhaupt kein Problem, das Ablagefach „Eingang" von oben nach unten abzuarbeiten oder in einer anderen Art und Weise. Der Vorteil ist, dass dies meist intuitiv abläuft. Das Kriterium ist, dass es funktionieren muss. Wenn Sie dauernd irgendwelche Termine versäumen, Fristen nicht einhalten oder mit Mahnungen konfrontiert sind, müssen Sie Ihr System auf jeden Fall überdenken, denn in diesem Fall scheint es nicht zu funktionieren. Aber das nur nebenbei.

Ich persönlich bevorzuge es, die Dinge, mit denen ich konfrontiert bin, mit Prioritäten zu versehen und sie auch konsequent danach abzuarbeiten. Dabei hilft mir eine Methode, die dem 34. Präsidenten (1953-1961) der Vereinigten Staaten und Alliierten-General Dwight D. Eisenhower zugeschrieben wird. Es trägt deshalb auch den Namen, „Eisenhower-Prinzip".

---

[26] Ein Körbchen, eine Schublade, ein Ablagefach, etc.

Das Eisenhower-Prinzip

Die Tatsache, dass wir uns im Leben immer zwischen wichtigen und dringlichen Dingen entscheiden müssen, hat Eisenhower für sich in eine Matrix gepackt, die er praktiziert und gelehrt hat. Dabei wurden alle Arbeiten und / oder Aufgaben anhand der Kriterien „wichtig / unwichtig" und „dringend / nicht dringend" unterschieden. Diese hat er dann auf vier Quadranten verteilt. Alle Aufgaben im vierten Quadranten unwichtig / nicht dringend soll er nicht selbst erledigt haben. Manche sagen auch, er hätte sie total ignoriert.

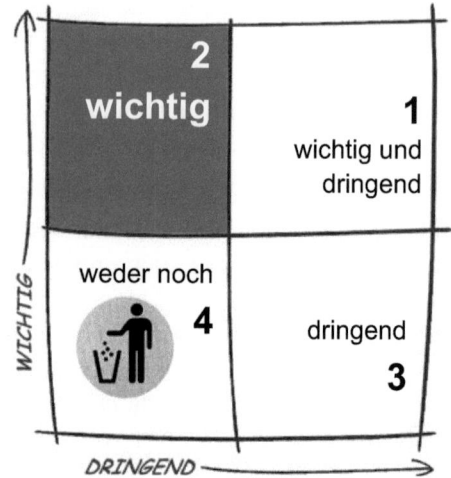

Sie haben also nun eine Fülle an Aufgaben und anderen Dingen vor sich, die Sie relativ einfach abarbeiten können, indem Sie *„das Wichtigste zuerst erledigen und unwichtige Dinge einfach liegen lassen!"*[27] Das wäre zumindest eine logische Vorgehensweise. Nur, was ist eigentlich wichtig? Die dringende Bitte des Arbeitskollegen, bei der Arbeitsvorbereitung zu helfen? Der Artikel, der bis heute Abend in der Redaktion gelandet sein muss? Der Einkauf an Lebensmitteln für die kommende Woche?

Genau das ist der Haken an der Sache. Und weil wir uns oft nicht bewusst gemacht haben, was wichtig ist, überlassen wir die Auswahl unserer Prioritäten immer wieder der Hektik des Alltags, dem Willen anderer Menschen oder sogar dem Zufall. Und bis Sie sich versehen, haben sich jede Menge Belanglosigkeiten an die Spitze Ihrer To-do-Liste gemogelt.

Der deutsche Mathematiker und Unternehmer, Helmar Nahr, sagte deshalb einmal: *„Prioritäten setzen heißt auswählen, was liegen bleiben*

---

[27] Seiwert: simplify, S. 161.

soll.[28] Und deshalb schauen wir uns jetzt das Eisenhower-Prinzip noch ein wenig näher an. Bei diesem Prinzip ergeben sich vier Hauptkategorien oder von Stephen Covey auch „Quadranten" genannt: von eins bis vier.

Quadrant 1: Wichtige und dringliche Aufgaben

Quadrant-1-Aufgaben sind zunächst einmal wichtig und dringlich. Deshalb müssen Sie von Ihnen selbst in Angriff genommen werden und das sofort! Ein paar Beispiele:

- Der Einkauf von Lebensmitteln für das heutige Mittagessen, den Sie vergessen hatten, in den Wochenplan zu integrieren.
- Die kreative Durchführung eines Events, weil die notwendigen Vorplanungen nicht bedacht wurden.
- Die kurzfristige Finanzplanung für ein neues Auto, weil die finanzielle Haushalterschaft vernachlässigt wurde.
- Das Lernen am frühen Morgen, weil eine Klausur ansteht, für die bisher nicht gelernt wurde.

Eigentlich wären Aufgaben wie Einkauf, Vorplanungen, Haushalterschaft oder gezieltes Lernen alle wichtig gewesen. Sie wurden aber nicht bearbeitet und wurden automatisch irgendwann einmal sehr dringlich. Das sollte so nicht sein, einfach weil es Stress verursacht. Und deshalb muss Ihr Ziel sein, sich auf die Quadrant-2-Aufgaben zu konzentrieren.

Quadrant 2: Wichtige, nicht dringliche Aufgaben

Quadrant-2-Aufgaben sind wichtig. Sie sind in keiner Weise dringlich, zumindest zum momentanen Zeitpunkt. Und sie werden auch nicht dringlich werden, wenn Sie nicht dauernd hinten angestellt werden. Hier ein paar Beispiele:

- Erstellen einer Lebensvision.
- Einkaufsplanung für die kommende(n) Woche(n).
- Weiterbildungs-/Karriereplanung (was möchte ich in meinem Leben, bzw. mit meiner Ausbildung erreichen?).
- Säge schärfen, in allen Bereichen (siehe Kapitel „Life-Balance").

---

[28] Seiwert: simplify, S. 162.

Auch diese Arbeiten erledigen Sie alle selbst, allerdings haben Sie momentan auch Zeit dafür. Doch nicht ewig! Wenn Sie es also mit sogenannter Aufschieberitis (Prokrastination) zu tun haben, müssen Sie aufpassen, dass diese Quadrant-2-Aufgaben nicht plötzlich zu Quadrant-1-Aufgaben werden. Und deshalb muss das Ziel sein, möglichst viele der vorhandenen Aufgaben im Quadrant 2 zu haben, weil diese sich mit den wirklich wichtigen Dingen Ihres Lebens befassen.

Quadrant 3: Dringliche, aber unwichtige Aufgaben

Quadrant-3-Aufgaben sind zwar nicht unbedingt wichtig, aber sie sind oftmals dringlich. Deshalb haben sie den Hang dazu, sich im Leben ganz noch Vorne zu drängen. Auch hierzu ein paar Beispiele:

- Dringende Aufgaben für andere Menschen erledigen, die diese auch selbst erledigen könnten: Ein Anruf - ein Schreiben aufsetzen - eine dringende Besorgung - etc.
- Post von Versicherungen und Ämtern, die dringender gemacht werden, als sie es sind: Gehaltsbescheinigung - Erfassung der Mitglieder - Einkommensteuer-Bescheinigung - etc.
- Der dringende Anruf nach abgelaufener Frist, in der Hoffnung, dass die andere Seite sich kulant zeigt und z.B. die Reise dennoch vermittelt.
- Sätze wie: „Oh, das muss ich noch dringend machen!" „Uh, für meinen Freund muss ich noch dringend..!" „Ah, ich muss noch dringend einkaufen..!"

Quadrant-3 Aufgaben beanspruchen den größten Teil unserer Zeit. Sie bringen uns aber unseren Zielen und unserer Lebensvision meist nicht wirklich näher. Hier verstecken sich Ihre Zeitreserven, weil sich hier ca. 80% der vorhandenen Lebenszeit verbirgt, die nur 20% der Ergebnisse einbringt. Und das bedeutet, dass Sie an dieser Stelle echt Zeit gewinnen können, indem Sie streichen, reduzieren und evtl. auch manche Aufgaben an andere abgeben / delegieren. Das Ziel mit diesen Aufgaben muss sein: Auf ein Mindestmaß reduzieren!

Quadrant 4: Aufgaben, die weder wichtig noch dringlich sind

Quadrant-4-Aufgaben sind weder wichtig noch dringlich. Und das heißt, dass es sich dabei im Grunde um gar keine Aufgaben handelt. Sie können diese deshalb auch getrost vernachlässigen. Ein paar Beispiele:

- Manche Computerspiele (auch während der Arbeitszeit).
- Aufgaben, zu denen Sie eigentlich „NEIN" sagen sollten.
- Der zehnte E-Mail-Check an einem Tag.
- Lesen von Werbematerial, manchen Internet-Blogs und anderem Infomaterial, das für Ihr Leben irrelevant ist.
- Surfen im Internet, als reiner Zeitvertreib.
- Anschaffung von materiellen Dingen, die Sie mehr Zeit kosten als sie einbringen, solange es dabei nicht um Ihr Hobby geht.
- Sitzungen an denen Sie eigentlich nicht teilnehmen müssten.

Man sagt, dass es sich der französische Kaiser Napoleon zur Angewohnheit gemacht hatte, die an ihn gerichtete Post zunächst zwei bis drei Wochen liegen zu lassen. Damit soll sich mindestens die Hälfte seiner Post automatisch erledigt haben. Ob da wirklich etwas dran ist, weiß ich nicht. Und Sie können es vermutlich auch nur umsetzen, wenn Sie in der Situation eines Kaiser Napoleon sind ☺.

Natürlich ist es nicht immer einfach herauszufinden, in welche Kategorie z.B. ein Anruf gehört und in welche nicht. Und Sie müssen es auch nicht 200%ig streng und eng nehmen. Aber wenn Sie keine Prioritäten setzen, wird der Stress versuchen, sich in Ihrem Leben breit zu machen. Und das gilt es zu verhindern.

In Bezug auf die Quadrant-4-Aufgaben teile ich daher auch ein Stück weit die Mentalität von Kaiser Napoleon, indem ich sage: „Machen Sie den Papierkorb zu Ihrem besten Freund. Haben Sie den Mut, die Dinge wegzuwerfen, die Ihnen belanglos und die E-Mails zu löschen, die für Sie nicht wichtig erscheinen". Und sollte doch einmal etwas von Bedeutung dabei gewesen sein, wird Sie sicher jemand daran erinnern.

Bevor ich Ihnen eine Übung zu Prioritäten empfehlen möchte, habe ich noch ein paar Fragen, die Ihnen helfen können, Aufgaben bzw. Tätigkeiten richtig einzuschätzen. Z.B.:

- Bringt mich diese Aufgabe meinen beruflichen oder privaten Zielen näher?
- Hätte es negative Konsequenzen, wenn ich es nicht tue?
- Ist diese Sache wirklich wichtig oder einfach nur dringlich?
- Würde ich das auch machen, wenn ich nur die Hälfte meiner Zeit zur Verfügung hätte?

- Lässt mich diese Aufgabe glücklicher, kreativer oder zufriedener werden?

Je mehr dieser Fragen Sie im Einzelfall mit „JA" beantworten können, desto wichtiger wird eine Tätigkeit für Sie bzw. für Ihr Leben vermutlich sein. Und nun möchte ich Ihnen noch die folgende Übung ans Herz legen. Es ist eine Übung, bei der Sie mit vier kurzen Situationen konfrontiert werden, und entscheiden müssen, ob die beschriebene Sache wichtig oder dringlich, oder sogar beides ist. Die Lösungen dazu finden Sie auf der nächsten Seite. Viel Spaß damit!

Übung: Wichtig? Dringlich?

(1) Die Veranstaltungsstruktur Ihrer Gemeinde ist nicht dazu geeignet, missionarischen Gemeindeaufbau voran zu treiben. Es ist also eine Veränderung notwendig.

Wichtig oder dringlich? Oder sogar beides?

❑ wichtig?   ❑ dringlich?

(2) Sie bekommen eine Einladung zu einer Sitzung. Die Tagesordnungspunkte auf der beigefügten Agenda haben reichlich wenig mit Ihrem Verantwortungsbereich zu tun.

Wichtig oder dringlich? Oder sogar beides?

❑ wichtig?   ❑ dringlich?

(3) In Ihrem Briefkasten haben Sie Post vom Finanzamt. Wenn Sie Ihre Steuererklärung nicht endlich abgeben, droht Ihnen ein gerichtliches Verfahren!

Wichtig oder dringlich? Oder sogar beides?

❑ wichtig?   ❑ dringlich?

(4) Ihr Partner wünscht sich, dass Sie sich wieder einmal ein langes Wochenende in dem romantischen kleinen Hotel gönnen, das Sie beide so gerne haben.

Wichtig oder dringlich? Oder sogar beides?

❑ wichtig?   ❑ dringlich?

Lösungen

Antwort 1: Wichtig, aber nicht dringlich. Lösung: Ideen für neue Struktur sammeln und einen Termin setzen, bis wann die Veränderungen angegangen werden sollen.

Antwort 2: Weder wichtig noch dringlich. Wenn Sie schon vorher wissen, dass Ihre Teilnahme an einer Sitzung überflüssig ist, sollten Sie sich diesen Termin sparen. Das gilt natürlich nur, wenn Sie es beeinflussen können.

Antwort 3: Wichtig und dringlich. In diesem Fall haben Sie wohl die Steuererklärung zu lange vor sich hergeschoben. Nun ist aus einer wichtigen Sache auch noch eine höchst dringende Angelegenheit geworden. Da hilft nur eines: Sofort erledigen!

Antwort 4: Wichtig, aber nicht dringlich. Höchstens die Ehe ist in einer Krise. Aber normalerweise ist es sehr wichtig, dass Sie Zeit mit Ihrem Partner verbringen. Also sollten Sie diese Dinge weit im Voraus planen und fest in den Terminkalender eintragen. Dieser Termin muss dann aber genauso fest stehen wie ein Termin bei Ihrem Arbeitgeber.

Für Stephen R. Covey, den Autor des Buches „Die sieben Wege zur Effektivität", kann die Aufgabe, Prioritäten zu setzen nur folgendermaßen erledigt werden: *„Der Schlüssel liegt nicht darin, Prioritäten für das zu setzen, was auf ihrem Terminplan steht, sondern darin, Termine für Ihre Prioritäten festzulegen!"*

Wenn Sie herausfinden möchten, wie gut Sie im Setzen von Prioritäten sind, empfehle ich Ihnen den Test „Wie gut können Sie Prioritäten setzen?", den Sie in Anlage 7 in diesem Buch finden. Und wenn Sie Ihre Prioritäten noch verfeinern möchten, möchte ich Ihnen am Ende dieses Kapitels noch folgende Methode ans Herz legen:

Die 25.000-Dollar-Methode[29]

Um Ihre Planung nach einer ersten Einteilung mit dem Eisenhower-Diagramm im nächsten Schritt weiter zu konkretisieren, ist die 25.000-Dollar-Methode optimal geeignet. Sie gehört zu den Zeitmanagement-Taktiken, die bereits sehr alt sind, sich aber bestens bewährt haben.

---

[29] Aus: persolog GmbH: Effektiver Umgang mit der Zeit, Remchingen [2]2011, S. 27.

Die Geschichte:

Die 25.000-Dollar-Methode ist benannt nach dem Honorar, das Charles Michael Schwab dem Erfinder der Methode, Irving Lee freiwillig zahlte, weil die Methode ihm weiterhalf.

Es wird erzählt, dass der Unternehmer Charles Michael Schwab für seine Firma „Bethlehem Steel" eine Methode suchte, die ihm helfen sollte, besser Prioritäten zu setzen und so ein

besseres Zeitmanagement in der Firma einführen zu können. Irving Lee, ein Unternehmensberater, lieferte Schwab dazu eine Methode, überließ ihm aber die Höhe der Bezahlung: Der Auftraggeber solle so viel zahlen, wie ihm die Methode wert sei, wenn er sie eine Weile erprobt habe. Nach einer gewissen Zeit übergab Schwab einen Scheck über die üppige Summe von 25.000 Dollar an den Unternehmensberater, die darum auch den Namen des Konzeptes prägte.

Die Methode:

- Schreiben Sie täglich die wichtigsten Aufgaben auf, die Sie am nächsten Tag erledigen möchten.

- Ordnen Sie Aufgaben nach Wichtigkeit und nummerieren Sie diese. Stellen Sie sich dabei die folgende Frage: Wenn ich morgen nur eine Aufgabe erledigen könnte, welche wäre das?

- So filtern Sie die Aufgaben mit der höchsten Priorität heraus. Bitte vergeben Sie für diese Aufgabe die Nr. 1.

- Welche von den noch verbleibenden Aufgaben würden Sie wählen, wenn Sie nur noch eine einzige erledigen könnten? Dieser geben Sie die Nr. 2.

- Gehen Sie so mit Ihren weiteren Aufgaben vor, bis Sie für alle eine Rangfolge gebildet haben.

- Beginnen Sie die Arbeit am nächsten Morgen mit der wichtigsten Aufgabe.

- Sobald Sie diese erledigt haben, überprüfen Sie die Sortierung nochmals. Es kann sein, dass zwischenzeitlich neue Aufgaben dazugekommen sind. Ordnen Sie diese in Ihre Liste ein. Fragen Sie sich erneut: Wenn ich nur eine Aufgabe erledigen könnte, welche wäre das?

- Bearbeiten Sie diese (neue) Nummer 1, und gehen die danach immer wieder in der gleichen Weise vor.

Hilfsmittel:
Planen Sie Ihre Aufgaben mit Hilfe der Wochen- und Tagesplanung Ihres Kalenders oder mit den Aufgaben Ihres Online-Kalenders.

Ergebnisse

2
- Visionen, Perspektiven
- Ausgewogenheit
- Disziplin
- Kontrolle
- Wenig Krisen
- Weiterentwicklung
- Erfolg

1
- Ausgebrannt sein
- Krisenmanagement
- Ständig unter Druck
- „Keine Zeit"
- Valentinstag-Syndrom
- Immer am Feuerlöscher

4
- Volle Verantwortungslosigkeit
- Wird schnell gekündigt
- Tritt auf der Stelle
- Spielball
- Von anderen Menschen und Institutionen abhängig
- Misserfolg
- Kaum gute Freunde, zerbrochene Beziehungen

3
- Kurzfristige Orientierung
- Krisenmanagement
- Chamäleon-Charakter, handelt nach Prioritäten anderer
- Hält Pläne und Ziele für wertlos
- Fühlt sich als Opfer, ohne Kontrolle
- Flache oder zerbrochene Beziehungen
- „Ich konnte ja nichts machen", „Pech gehabt", „abwarten"
- Bleibt erfolglos

Wichtigkeit (Ziel)
(Bringt es mich meinem Ziel näher?)

Dringlichkeit (Zeit)
(Erfordert es meine unmittelbare Aufmerksamkeit?)

Auf guter Planung lässt sich aufbauen

„Ein wohlausgedachter Plan, wenn er ausgeführt dasteht, lässt alles vergessen, was die Mittel, um zu diesem Zweck zu gelangen, Unbequemes mögen gehabt haben.“[30]

„Denn wer ist unter euch, der einen Turm bauen will und setzt sich nicht zuvor hin und überschlägt die Kosten, ob er genug habe, um es auszuführen, damit nicht, wenn er den Grund gelegt hat und kann's nicht ausführen, alle, die es sehen, anfangen, über ihn zu spotten, und sagen: Dieser Mensch hat angefangen zu bauen und kann's nicht ausführen?“ (Lukas 14,28-30)

In den USA gibt es eine Gruppe von Menschen, die nennt man „High Hoper". Das sind Menschen, die ihr Leben und ihren Erfolg selbst in die Hand nehmen und dabei eine unbändige Hoffnung haben, dass das Leben gelingen kann. Sie mobilisieren ihre Energie, ihre Stärken und jede Menge Kreativität, um ihre Ziele zu erreichen. Die dadurch entstehenden Veränderungen und möglichen Rückschläge gehen sie dabei mit viel Optimismus und Selbstvertrauen an. Diese Menschen sind sich bewusst, dass Zielplanung die Kunst ist, seine Wünsche und die Realität in Einklang zu bringen und den besten Weg zum angestrebten Ergebnis herauszufinden.[31]

Ich denke, dass es uns Christen sehr gut zu Gesicht stehen würde, wenn wir uns der Mentalität dieser „High Hoper" anschließen könnten. Zumal wir für unser Leben mit Jesus eine Art von Hoffnung haben, die weit über bloßen Zweck-Optimismus und das Vertrauen, alles selbst zu schaffen, hinausgeht. Auf der anderen Seite möchte ich mit diesem Beispiel auch deutlich machen, dass es bei Zeit- und Lebensplanung nicht nur darauf ankommt, irgendwelche Techniken oder Tools anzuwenden und möglichst korrekt einzusetzen. Sondern dass Zeit- und Lebensplanung vor allem ein geistlicher Prozess ist, bei dem es immer

---

[30] Johann Wolfgang von Goethe. Bedeutender deutscher Dichter (1749-1832).
[31] Aus: Seiwert: simlify, S. 244.

wieder darum geht herauszufinden, was Gott mit meinem Leben vorhat. Nichts anderes tun Sie, wenn Sie sich mit möglichen Zielen für Ihr persönliches Leben auseinandersetzen. Das ist nicht bloß ein schlaues Ausfüllen von Fragebögen und Workshops zu Themen des Lebens. Es ist ein tiefgründiges Fragen nach dem Willen Gottes für das eigene Leben und könnte damit eine entscheidende Weichenstellung für das Leben mit Gott bzw. für den eigenen Lebensweg werden. Denn Gott selbst hat uns zugesagt:

„Ich will dich unterweisen und dir den Weg zeigen, den du gehen sollst; ich will dich mit meinen Augen leiten."

(Psalm 32,8)

„Des Menschen Herz erdenkt sich seinen Weg; aber der HERR allein lenkt seinen Schritt." *(Sprüche 16,9)*

Wenn Sie sich also diese Werkzeuge aus der Soziologie und dem modernen Zeitmanagement zu Hilfe nehmen, dann tun Sie es bitte in dem Bewusstsein, dass es Werkzeuge in einer von Gott gelenkten Hand sind, und damit zu einem mächtigen Wegweiser für das eigene Leben werden können. Wenn Sie an dieser Stelle nicht mit Gott zusammenarbeiten, besteht die Gefahr, dass es kein Wegweiser ist, hin zu einem Ziel, sondern nur ein Wegweiser von dem, was Gott eigentlich für Sie bereit hätte.

Wochenplanung

Ich weiß nicht, ob Sie schon einmal einen professionellen Fotografen beobachtet haben. Der hat meist nicht nur einen Fotoapparat dabei, sondern auch noch mehrere Objektive. Er verwendet z.B. ein Weitwinkelobjektiv, um den Gesamteindruck einfangen zu können. Oder er verwendet ein Zoomobjektiv, um einen Gegenstand näher heran zu holen und damit größer darstellen zu können. Und wenn er die Sicht des menschlichen Auges imitieren möchte, verwendet er ein Normalobjektiv. Einen kompetenten Fotografen erkennen Sie daran, dass er weiß, wann er ein bestimmtes Objektiv zum Einsatz bringen muss, um das gewünschte Ergebnis zu erzielen.

Wer sich schon einmal näher mit Lebensplanung auseinandergesetzt hat wird feststellen, dass es ganz viele Techniken gibt, die sich auf das sogenannte Tagesgeschäft konzentrieren. Und dies sicher aus gutem Grund. Der Tag ist die kleinste natürliche Zeiteinheit. Die Sonne geht auf und wieder unter, um dann wieder aufzugehen, usw. In der eigenen Zeitplanung können Sie sich nun allein auf diese Zeiteinheit konzentrieren. Das heißt, Sie machen eine regelmäßige Tagesplanung.

Dagegen ist grundsätzlich nichts einzuwenden, ganz im Gegenteil. Wenn Sie sich allerdings nur auf die Tagesplanung konzentrieren, gehen Sie damit das Risiko ein, sich wie ein Fotograf zu verhalten, der mit einem Teleobjektiv durch die Gassen einer Stadt marschiert und versucht, komplette Häuserreihen zu fotografieren. Das geht so nicht.

Oder um in den Begrifflichkeiten der Zeit- und Lebensplanung zu bleiben: Wer sich zu sehr auf die Tagesplanung konzentriert bzw. sich zu sehr mit dem Tagesgeschäft abgibt, ist in Gefahr, sich ausschließlich mit dem Naheliegenden und Dringlichen zu beschäftigen.

Auf der anderen Seite ist es genauso riskant, sich nur noch auf die Lebensvision und Lebensziele zu konzentrieren. Dabei ist der Blick so weit, dass die Gefahr besteht, den Kontakt zur Realität zu verlieren. Nicht selten mutieren solche Menschen zu idealistischen Träumern.

Sie stecken also zunächst in einem Dilemma, das sich aus der Kluft zwischen Lebenszielen und Tagesperspektive ergibt. Eine Lösung dieser Spannung könnte sich aus dem ergeben, was Stephen R. Covey zu solchen Situationen bzw. Dilemmas zu sagen hat: *„Priorität ergibt sich aus dem Kontext!"*[32]

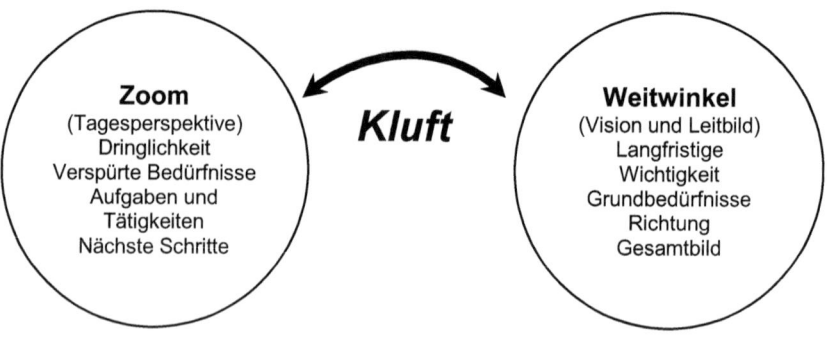

---

[32] Covey: Weg, S. 148.

Das heißt, Sie müssen nach Möglichkeiten der Synergie suchen, die das Gesamtbild des Lebens auf ausgeglichene und realistische Weise mit dem Tagesgeschehen verbinden. So, wie der Fotograf mit seinen Objektiven umgeht, so sollten auch Sie bei Ihrer persönlichen Zeitplanung immer wieder darauf achten, mit welchem Fokus Sie das effektivste Ergebnis erzielen können.

Sonst geht es Ihnen so, wie eine alte Volksweisheit sagt: *„Wer in seinem Werkzeugkasten nur einen Hammer hat, für den reduziert sich jedes Problem auf einen Nagel!"*

Damit Ihnen das nicht passiert, versuchen wir, in diesem Fall, eine Normalsicht zu gewinnen, indem wir uns im Spannungsfeld von Lebensvision und Tagesplanung zunächst auf die Woche konzentrieren. Die Woche repräsentiert ein abgeschlossenes Stück im Gewebe unseres Lebens. Sie umfasst Arbeitstage, Abende und Wochenenden. Sie ist nah genug, um relevant zu sein, aber auch fern genug, um Kontext und Perspektive zu behalten.

Die meisten Kulturen unterstützen diese Idee der Wochenperspektive. Deshalb achtet jede jüdisch-christliche Kultur auch auf den Sabbat oder den Sonntag: Sechs Tage arbeiten und einen Tag ausruhen. Wenn Sie nur auf den Tag fixiert sind, haben Sie nicht nur weniger Möglichkeiten, sondern Ihre Balance ist auch sehr eingeschränkt. Wenn Sie z.B. Ihre sportliche Betätigung auf die Tagesplanung fixieren, müssten Sie jeden Tag 15 Minuten dafür einplanen, um auf ein notwendiges, sportliches Wochenpensum zu kommen.

Wenn Sie allerdings die Wochenperspektive haben, können Sie Ihre sportliche Betätigung z.B. auf drei Tage pro Woche konzentrieren. An diesen drei Tagen können Sie Ihren Körper z.B. 30 Minuten stark belasten und an den anderen Tagen dazwischen ausruhen. Laut Gesundheitsexperten erzielen Sie damit sogar einen viel größeren Trainingseffekt, als bei 15 Minuten täglicher Gymnastik.

Ein weiterer Vorteil dieser Wochenperspektive ist, dass sie den Inhalt - also die Tätigkeiten Ihres Lebens - in den Kontext dessen bringt, was für Ihr Leben wichtig ist. Sie schafft einen stabilen Rahmen sowohl für die wesentlichen Dinge als auch für den Weg dahin. Das entlastet und schafft Raum für Ihre Planungen.

Nun, wie können Sie das umsetzen? Dazu ein Beispiel: Sie haben folgende Termine in der Woche vor sich: Sitzung Elternbeirat (Di) - Zell- oder Dienstgruppe (Do) - Besuch (Fr) - Ausflug (Sa). Das sind jedoch nur die Highlights dieser Woche. Die ganz normalen, alltäglichen Termine und Aufgaben müssen auch noch in die Woche integriert werden.

Wo fangen Sie mit der Planung an? Am besten mit den Highlights. Sie planen also zunächst die Sitzung, die Zellgruppe, den Besuch und den Ausflug ein. Und zwar mit allen Terminen, die sich um solche Highlights ranken, incl. Vor- und Nachbereitung dieser Termine.

Lassen Sie es mich an einer kleinen Geschichte verdeutlichen, die ich einmal gelesen habe: Ein Professor steht vor seinen Studierenden und fordert sie auf, bei einem Test mitzumachen. Dazu holt er ein Glas hervor, das ca. fünf Liter fasst und einen weiten Hals hat, und stellt es vor sie auf den Tisch, neben einem Tablett mit mehreren faustgroßen Steinen.

„Wie viele von diesen Steinen gehen wohl in das Glas?", fragt er. Nachdem die Studierenden geraten haben, sagt er: „Gut, wir werden sehen." Er setzt einen Stein nach dem anderen in das Glas, bis das Glas schließlich voll ist. Dann fragt er: „Ist das Glas jetzt voll?" Natürlich bejahen die Studierenden diese Frage. Darauf holt er unter dem Tisch einen Eimer voll Kies hervor und schüttet davon etwas ins Glas. Er schüttelt das Glas und füllt solange Kies nach, bis er sich in die Ritzen zwischen den Steinen verteilt hat. Dann fragt er erneut, diesmal mit einem Grinsen im Gesicht: „Ist das Glas jetzt voll?" Inzwischen haben die meisten verstanden, worum es geht: „Vermutlich nicht!" „Gut!", antwortet er und greift nach einem Eimer mit Sand und schüttet ihn so lange ins Glas, bis dieser sich in die Ritzen zwischen Steinen und Kies verteilt hat. Wieder sieht er zu seinen Studierenden und fragt sie: „Ist das Glas jetzt voll?" „Natürlich nicht!" johlt die Menge. „Sehr gut!" sagt er und greift nach einem Krug mit Wasser und gießt ihn hinein. Fast ein Liter Wasser findet noch Platz in diesem Glas. Dann fragt er: „Und, was lernen wir daraus?" Darauf antwortet einer der Studierenden: „Es gibt immer Lücken, und wenn man sich wirklich bemüht, hat man doch mehr Platz im Leben." „Nein", sagt der Professor, „entscheidend ist etwas anderes: Wenn wir nicht die großen Steine zuerst hineingelegt hätten, hätten wir sie dann überhaupt hinein bekommen?"

Um es mit einem Satz zusammen zu fassen: Wenn Sie sich nicht auf die wirklich wichtigen Dinge Ihres Lebens konzentrieren, werden Sie diese auch nicht bewältigen können. Ich erlebe es immer wieder, dass mir Menschen begegnen, die sagen: „Diese Woche habe ich einen riesigen Berg an Arbeit vor mir. Ich bin echt froh, wenn sie rum ist!" Subjektiv ist diese Einschätzung zunächst einmal korrekt. Denn was ein Mensch empfindet, kann man nicht einfach weg diskutieren. Also bleibt diese Einschätzung zunächst einmal bestehen.

Ich rate allerdings dazu, sich diese Woche schriftlich vor Augen zu führen. Und das nicht, um ein weiteres Formular im Dschungel der Checklisten zu verwenden, sondern weil dies nach meiner Erfahrung die Lebensqualität erhöht. Denken Sie an die „offenen Enden" dieser Woche, mit denen sich Ihr Verstand beschäftigen muss. Die müssen angebunden werden. Wenn nicht anders möglich, dann z.B. mit einer Wochenübersicht (siehe nächste Seite). Nicht selten hört man Menschen, die diesen Rat befolgt haben, dass sie durch die Wochenübersicht tatsächlich ganz wertvolle Zeitfenster entdeckt haben.

Und es führte meist zu mehr Gelassenheit, weil die Dinge plötzlich überschaubar wurden. Solch ein Wochenüberblick kann z.B. so aussehen, wie das Formular, das Sie in Anlage 8 finden. Das ist allerdings nur ein Vorschlag, wie Sie es machen könnten. Wichtig ist, und da wiederhole ich mich immer wieder gerne, dass es funktioniert und Ihnen eine wirkliche Hilfe ist.

Wochenplan - Woche vom:		bis:	Sonntag	Montag	Dienstag	Mittwoch	Donnerstag	Freitag	Samstag
Bereiche	Ziele	Aufgaben/ Prioritäten	Prioritäten heute						
				Verabredungen / Verpflichtungen					
			7	7	7	7	7	7	7
			8	8	8	8	8	8	8
			9	9	9	9	9	9	9
			10	10	10	10	10	10	10
			11	11	11	11	11	11	11
			12	12	12	12	12	12	12
			13	13	13	13	13	13	13
			14	14	14	14	14	14	14
			15	15	15	15	15	15	15
			16	16	16	16	16	16	16
			17	17	17	17	17	17	17
Life-Balance (Säge schärfen)			18	18	18	18	18	18	18
physisch:			19	19	19	19	19	19	19
mental:			Abend	Abend	Abend	Abend	Abend	Abend	Abend
sozial:									
spirituell:									

Wenn Sie solch eine Tabelle z.B. ein Mal auf einem Computer er-stellt haben, können Sie diese für jede Woche neu ausdrucken. Wenn es Ihnen hilft, können Sie diese auch am Computer ausfüllen, damit Sie mögliche Wiederholungen nicht immer wieder eintragen müssen. So können die Ziele und nicht abgearbeiteten Aufgaben oder Prioritäten einfach übernommen bzw. ergänzt werden. Das spart nicht nur Zeit, sondern auch Aufwand.

Und nun haben Sie dieses Formular vor sich und fragen sich: „Wo fange ich jetzt am besten an?"

* Wenn Sie es am Computer erstellt haben, stehen die Lebensbe-reiche (Lebenshüte) und die dazugehörigen Ziele schon drin. Sonst würde ich damit anfangen, damit die ganz großen „Steine" auch ihren Platz bekommen.

* Gleiches gilt für die Stichworte / Ziele zur Life-Balance. Was das heißt werden wir im nächsten Kapitel beantworten.

* Danach tragen Sie die Aufgaben und die von Ihnen festgelegten Prioritäten für diese Aufgaben ein. Dabei handelt es sich um die wirklich wichtigen Dinge, die in dieser Woche auf jeden Fall zu erledigen sind. Natürlich können im Lauf der Woche auch noch andere Dinge hinzukommen. Das ist aber kein Problem, denn diese können Sie auch dort eingetragen.

- Nun werden die Termine aus dem Terminkalender übernommen. Damit haben Sie meist die Highlights der Woche eingetragen, weil diese fix vereinbart sind.

- Dazu kommen die terminierten Aufgaben und die dazugehörigen Prioritäten, die Sie an entsprechender Stelle eintragen können.

- Danach werden noch andere dringliche und wichtige Aufgaben eingetragen. Am besten die wichtigsten zuerst.

- Die Aufgaben und deren Prioritäten können Sie auch dann eintragen, wenn Sie die Tage direkt planen. Sie können dabei für den jeweiligen Tag eine Tagespriorität festlegen.

Wenn Sie dies alles eingetragen haben, werden Sie ganz schnell den Vorteil dieser schriftlichen Übung erkennen. Nun haben Sie nämlich die Woche vor sich und sehen sehr schnell, ob Sie überhaupt in der Lage sind, das alles zu bewältigen. Sollte dies nicht der Fall sein, besteht Handlungsbedarf. An welcher Stelle wird davon abhängen, was Sie als wichtig erachten und welche Prioritäten Sie für Ihr Leben und für die jeweiligen Aufgaben festgelegt haben.

Tagesplanung und Rückblick

Wenn wir das Bild des Profi-Fotografen noch einmal benutzen, geht es jetzt - wie bei einem Zoomobjektiv - von der „Normalsicht", also der Wochenperspektive, über zur Tagesperspektive.

Zoom
(Tagesperspektive)
Dringlichkeit
Verspürte Bedürfnisse
Aufgaben und
Tätigkeiten
Nächste Schritte

Dabei finde ich es ganz wichtig, dass Sie auch an dieser Stelle keine Abkürzung suchen, sondern sich immer wieder an Ihrer Lebensvision orientieren, wenn Sie sich an die Erstellung der Wochenplanung machen. Tun Sie das nicht, werden möglicherweise wichtige Ziele oder Aufgaben auf der Strecke bleiben.

Und doch ist es so, dass uns das Leben lehrt, dass man letzten Endes immer von Tag zu Tag leben muss. Und das hat ja auch seine Vorteile. Wenn ein Tag mal nicht gut verlaufen ist oder Sie wieder einmal nicht alles geschafft haben, müssen Sie nicht lange warten, sondern können bereits am nächsten Tag von neuem beginnen. Ein realistischer Tagesplan sollte auch deshalb nur das enthalten, was am jeweiligen Tag zu erledigen ist. Auch hierbei müssen Sie die Grundsätze im Hinterkopf behalten, die Sie zur Zielsetzung gelernt haben. Wenn Sie zu viel in einen Tag hineinpacken, kann Sie das sehr lähmen, weil Sie schnell spüren, dass Sie das Pensum nicht schaffen werden. Das demotiviert und lähmt.

Ähnlich geht es, wenn Sie sich zu wenig vornehmen. Wenn Sie spüren, dass Sie alles locker schaffen können, wird schnell Zeit vertrödelt. Und damit ist auch nichts gewonnen. Also auch hier sollten Sie das richtige Maß finden. Und darum geht es im Folgenden.

Dazu bedienen wir uns einer Methode, die sich die ALPEN-Methode nennt. Dahinter versteckt sich der Gedanke, einmal über die Dinge zu steigen, um sie als Ganzes von oben her zu betrachten. Sofern Sie gerne wandern oder klettern, dürfen Sie sich gerne ein Gipfelkreuz vorstellen, an dem Sie stehen, um über das Tal hinweg in die Weite zu schauen. Wir besteigen derweil einmal diesen Gipfel und schauen uns die Methode genauer an:

A = Alle Aktivitäten auflisten

Wie generell in der Lebensplanung, so ist auch hier wichtig, dass die Tagesplanung schriftlich erfolgt. Bitte erledigen Sie dies nicht bloß im Kopf. Glauben Sie mir, Ihr Verstand ist wetterwendisch. Vor allem dann, wenn Aufgaben vor Ihnen liegen, die nicht so angenehm sind. Und schon hat sich Ihr Verstand eine schönere Beschäftigung gesucht. Da ist es gut, wenn Sie schriftlich planen. Das motiviert nicht nur, sondern ist auch ein hervorragendes Kontrollinstrument. Wenn Sie nämlich Dinge abhaken können, sehen Sie auch, was Sie gearbeitet haben.

Bitte vergessen Sie dabei auch die Routineaufgaben und Kleinigkeiten nicht. Es kommen noch so viele Überraschungen im Laufe des Tages auf Sie zu, dass Sie sich davor hüten sollten, schon in die eigene Planung Überraschungen einzubauen. So können Sie nach einer guten Planung frisch und froh ans Werk gehen. Denn es werden Sie nach dieser Planung nur noch unvorhergesehene Dinge überraschen. Und die können Sie immer bewältigen. Überraschungen aufgrund von eigenen Planungsfehlern, sind jedoch nicht so angenehm.

Um dem löchrigen Gedächtnis etwas auf die Sprünge zu helfen, können Sie Checklisten verwenden. Am Beispiel der „Checkliste täglich" möchte ich Ihnen zeigen, wie ich damit umgehe. Für die Tagesplanung setze ich mich mit dieser Checkliste hin und überdenke den Tag, der vor mir liegt: Am besten am Abend vorher oder früh am Morgen. Dabei bewegt mich folgendes:

Checkliste täglich

* Tagesplan erstellen
    1. Termine aus dem Terminplaner übertragen
       Dieser Terminplaner kann ein Leporello- oder ein Mehrjahreskalender sein, wie man ihn z.b. bei Tempus oder Org-Rat vorfindet, oder der elektronische Kalender im Smartphone. Ganz egal. Die Termine müssen jedenfalls in den Tagesplan übertragen werden.

    2. Nicht erledigte Aktivitäten vom Vortag übertragen

    3. Aufgaben übertragen

    4. Wiedervorlage prüfen und übertragen
       Was eine „Wiedervorlage" ist bzw. wie man sie verwendet finden Sie im Kapitel „Selbstmanagement ist das A und O".

* Prüfen, ob Aufgaben von heute auch delegierbar sind

* Tages-Priorität festlegen

* Wem kann ich heute eine Freude machen?

* Nur 60% der Zeit verplanen!

* Ziele anschauen -> Tagesziele?

Persönliche „To-do's":

z.B.: Lesezeit einplanen (30 Min) - Zeit für Hobby? - etc.

+ + + + + + + + + + + + + + + + + + +

Dazu kommt ein grundsätzlicher Tagesplan (siehe nächste Seite), dem ich versuche täglich zu folgen. Wenn Sie damit durch sind, haben Sie zumindest einmal festgelegt, an welche Dinge Sie an diesem Tag denken sollten und was Sie davon einplanen müssen. Die Herausforderung dabei ist nun, mit diesen Vorgaben in einer Weise umzugehen, dass sie für Ihre Tagesplanung auch wirklich fruchtbar werden können. Wichtig bei allem bleibt, es so zu halten, wie der deutsche Schriftsteller Jean Paul (1763-1825), der einmal folgendes geschrieben hat:

„Gegen den Fehlschlag eines Planes gibt es keinen besseren Trost, als auf der Stelle einen neuen zu machen!"

Also: Nur nicht unterkriegen lassen! Sollte einmal etwas nicht hinhauen, geht die Welt deshalb nicht unter.

L = Länge schätzen

Es ist sicher gut, wenn Sie alles aufschreiben. Sie sollten dabei aber nicht aus den Augen verlieren, dass Sie pro Tag nur ein bestimmtes Zeitbudget haben. Wenn Sie am Tag nur zehn Stunden zur Verfügung haben, können Sie keine elf verplanen. D.h., Sie können schon, aber das wird nicht ohne Konsequenzen bleiben.

Bei der Kalkulation der einzelnen Aufgaben dürfen Sie ruhig großzügig sein. Aber bitte nicht zu großzügig, sonst greift womöglich das sogenannte Parkinson-Gesetz. Dabei geht es nicht um die Parkinson'sche-Krankheit, sondern um eine Regel aus der Soziologie, die von dem britischen Historiker und Publizisten Cyril Northcote Parkinson aufgestellt wurde. Und diese besagt folgendes:

Tagesplan (allgemein)
04:30 Uhr aufstehen
05:00 Uhr Frühsport
05:30 Uhr Zeit mit Gott
07:00 Uhr Frühstück
08:00 Uhr Arbeitsbeginn
12:15 Uhr Mittagspause
13:00 Uhr Arbeitsbeginn
18:00 Uhr Abendessen

„Arbeit dehnt sich in genau dem Maß aus, wie Zeit für ihre Erledigung zur Verfügung steht - und nicht in dem Maß, wie komplex sie tatsächlich ist."

Wenn Sie in einem Gremium mitarbeiten, können Sie feststellen, dass diese Aussage zutrifft. Denn es ist egal, ob nur fünf Tagesordnungspunkte abzuarbeiten sind oder zehn, es wird komischerweise immer die gleiche Zeit dafür benötigt. Oder in Ihrem Alltag: Wenn Sie denken, dass Sie heute mal viel Zeit haben, ist am Abend dennoch nicht mehr erledigt, als an Tagen mit engem Zeitplan.

In Zukunft wissen Sie, dass in solch einem Fall, das Parkinson-

Gesetz gegriffen hat. Auch deshalb ist es wichtig, dass Sie mit einer möglichst realistischen Zeiteinschätzung und dann auch mit guten Zeitlimits arbeiten. Das regt zu zügiger Arbeit an und schafft Freiräume für freie Zeiten, in denen Sie einfach die Seele baumeln lassen können.

P = Pufferzonen planen

Ich habe bereits angemerkt, dass ein realistischer Tagesplan nur das enthalten sollte, was Sie an diesem Tag erledigen möchten, bzw. erledigen können. Damit sind wir bei den Unwägbarkeiten angekommen. Wenn Sie Ihren Tag zu 100% verplanen, müssen Sie mit einem Dominoeffekt rechnen, sobald der erste Anruf kommt, der eine zusätzliche Aufgabe mit sich bringt.

Wie bei hintereinander stehenden Dominosteinen kann dies eine Kettenreaktion auslösen, die den gesamten Tagesplan durcheinander bringt. Sie müssen deshalb unbedingt Pufferzeiten einplanen, damit Unerwartetes, Unterbrechungen und Probleme auch nachträglich noch ihren Platz in der Tagesplanung finden können.

Dazu gibt es verschiedene Regeln. Ich persönlich lebe mit einer 60-40-Regel. Das heißt, dass ich nur 60% meiner Tageszeit verplane und 40% offen lasse. Auf den Tag gesehen bedeutet dies, dass nur ca. 60% von den zur Verfügung stehenden Stunden mit Aufgaben und Aktivitäten verplant werden dürfen. Den anderen Stunden gehören Spontanität, Kreativität, Zeitdiebe, Probleme und unerwartete Aufgaben. Dabei gilt aber auch die alte Regel:

„Das, was wichtig ist, ist selten dringlich! Und das, was dringlich ist, ist selten wichtig!"

Also wenn Ihnen Menschen begegnen, Sie anrufen oder an Ihrer Tür klingeln, die etwas „auf jeden Fall sofort erledigt haben wollen!", dann sind das nicht die Menschen, die Sie in Arbeit und Leben wirklich entscheidend voran bringen werden. Sie können Ihnen aber dennoch freundlich begegnen.

Diese Pufferzeiten sind also nur für wirklich Unerwartetes oder für die wichtigen Dinge des Lebens, für die eben noch Zeit bleibt, wenn alles andere abgearbeitet ist. Je höher bzw. größer die Fremdbestimmung ist, desto kleiner ist diese Prozentzahl 40% - 30% - 20%.

E = Entscheidungen treffen

Wenn Sie Ihre Aufgaben aufgeschrieben, die Zeit dafür eingeplant und Pufferzeiten freigehalten haben, werden Sie sehr schnell merken, dass Sie jede Menge Entscheidungen zu treffen haben. Dabei wird es wichtig sein, dass Sie Ihr Tagespensum konsequent auf das Wesentliche ausrichten. Und damit müssen Sie wieder Prioritäten setzen. Am besten Sie gewöhnen sich daran, dass Sie im Grunde nicht darum herumkommen, immer wieder Prioritäten zu setzen. Das fängt ja nicht erst bei der Tagesplanung an.

Und auch hierbei kann Ihnen wieder das Eisenhower-Prinzip mit den A-B-C-D-Quadranten eine Hilfe sein. Dabei nicht vergessen, dass der Papierkorb in vielen Fällen Ihr bester Freund sein kann. Nur Mut, Dinge auch als „nicht notwendig" oder „ohne Priorität" zu deklarieren und damit zu löschen.

N = Nachkontrolle

Diese kommt erst am Abend des Tages oder spätestens am Ende der Woche. Da sollten Sie ganz ehrlich Bilanz ziehen und schauen, was aus Ihren Vorgaben für den Tag bzw. die Woche geworden ist. Nur dann können Sie auch daraus lernen und immer besser werden. Auch hier gilt: Es ist noch kein Meister vom Himmel gefallen!

Die Zeit der Nachkontrolle ist auch die Zeit, in der Unerledigtes auf den nächsten Tag bzw. die nächste Woche verschoben wird. Aber bitte nicht, ohne darüber nachzudenken, warum diese Aufgabe nicht erledigt werden konnte:

- Hatte ich mir zu viel vorgenommen?
- Habe ich länger gebraucht, als ich erwartet habe?
- Habe ich den unwichtigen Dingen den Vorrang gegeben, weil sie bequemer waren?
- Habe ich mich ablenken lassen und so meinen Tages- oder Wochenplan aus den Augen verloren?

Nur wer sich an dieser Stelle ehrlich hinterfragt, wird in seiner Tagesplanung von Woche zu Woche besser werden können. Wer hier nur oberflächlich arbeitet, braucht sich nicht zu wundern, warum das mit der Zeit- und Lebensplanung bei ihm nicht funktioniert.

Im Rahmen dieser Nachkontrolle können Sie übrigens einfach Ihre Hand zu Hilfe nehmen. Die einzelnen Finger sind durchaus in der Lage Ihnen ein paar interessante Fragen zu stellen. Die Idee dazu stammt aus dem Buch „Noch mehr Zeit für das Wesentliche!", von Lothar Seiwert.

Um diese Art der Nachkontrolle zu praktizieren, setzen Sie sich an einen ruhigen Ort, schauen sich die einzelnen Finger Ihrer Hand an und lassen sich dabei folgende Fragen stellen:

D = Der Daumen steht für „D" wie Denkergebnisse
Und damit stellt er Ihnen die Frage: Welche neuen Erkenntnisse hat mir dieser vergangene Tag gebracht?

Z = Der Zeigefinger steht für „Z" wie Zielrichtung
Und damit stellt er Ihnen die Frage: Was habe ich heute getan, um meinen persönlichen Zielen näher zu kommen?

M = Der Mittelfinger steht für „M" wie Mentalität
Er stellt Ihnen die Frage: Wie war die Stimmung an diesem Tag, und warum war sie so?

R = Der Ringfinger steht für „R" wie Ratgeber
Er stellt Ihnen die Frage: Womit habe ich heute anderen Menschen geholfen?

K = Der kleine Finger steht für „K" wie Körper
Er stellt Ihnen die Frage: Was hast du heute für deine Gesundheit und deinen Körper getan?

Ich empfinde diese Fingerzeige als sehr hilfreich, wenn es darum geht, mich nicht nur zu hinterfragen, sondern mich im Leben auch weiter zu bringen. Vielleicht fällt Ihnen ja noch etwas ganz anderes dazu ein. Der Phantasie sind auch hier keine Grenzen gesetzt, und es bleibt bei der allgemeinen Regel: Hauptsache es funktioniert für Sie und hilft Ihnen.

Leben in Balance

„Strebe nach Ruhe, aber durch Gleichgewicht, nicht durch den Stillstand deiner Tätigkeit."[33]

„Es ist dir gesagt, Mensch, was gut ist und was der HERR von dir fordert, nämlich Gottes Wort halten und Liebe üben und demütig sein vor deinem Gott." (Micha 6,8)

Steve Jobs[34] sagte einmal:

„Deine Zeit ist begrenzt. Verschwende sie nicht damit, das Leben eines Anderen zu führen. Lass nicht zu, dass ein Dogma dich beherrscht - dass also die Ansichten Anderer dein Leben bestimmen. Lass deine eigene innere Stimme nicht vom Gelärme der Meinungen Anderer übertönen. Und, was das Wichtigste ist: Hab den Mut, deinem Herzen und deiner Intuition zu folgen. Irgendwie wissen diese beiden immer schon, was du eigentlich werden willst. Alles andere ist nebensächlich."[35]

Das biblische Prinzip hinter solchen Sätzen finden wir im Brief des Apostels Paulus an die Christen in der Gemeinde in Ephesus:

„So seht nun sorgfältig darauf, wie ihr euer Leben führt, nicht als Unweise, sondern als Weise, und kauft die Zeit aus; denn es ist böse Zeit. Darum werdet nicht unverständig, sondern versteht, was der Wille des Herrn ist."

(Epheser 5,15-17)

Das ist sicher nicht immer einfach, denn welcher Mensch versteht schon den Willen Gottes, bis in die tiefsten Tiefen? Dennoch ist es eine weise Entscheidung, seine Zeit und sein Leben zu planen. Wenn Sie es tun, und dies in Absprache mit Gott, wird ER Ihnen auch seinen Willen für Ihr Leben immer deutlicher zeigen.

---

[33] Friedrich Schiller. Deutscher Arzt, Dichter, Philosoph und Historiker (1759-1805).
[34] Gründer, Visionär und langjähriger CEO von Apple (1955-2011).
[35] Seiwert: Ausgetickt, S. 5.

Life-Balance

Ich vermute einmal, dass Ihnen das sogenannte Glücksrad bekannt ist: Man dreht schwungvoll an einem großen Rad mit verschiedenen Optionen, und wenn es an der richtigen Stelle hält, hat irgendjemand, irgendetwas gewonnen. Ich habe den Eindruck, dass manche Menschen es auch so mit ihrem Leben machen.

Sie drehen jeden Tag an ihrem Lebensrad mit den vielen Optionen und hoffen, dass es immer an der Stelle anhält, die ihnen den meisten Gewinn aus dem aktuellen Tag verspricht. Doch das ist Leben auf gut Glück, das sich oftmals eben gerade nicht als das große Glück herausstellt. Sondern viel eher als ein Leben wie in einem Hamsterrad, das sie in einer Fülle von Aufgaben und Terminen rotieren lässt.

Die Folge davon ist bei manchen, dass sie zu viel arbeiten und dafür ihre Beziehungen oder ihren Körper vernachlässigen und ihre inneren Glaubenssätze ignorieren. Manche essen zu viel und zu wahllos und zerstören damit ihre Gesundheit. Sie hetzen durch ihr Leben und merken nicht, dass es eigentlich an ihnen vorbei läuft. Schon der Gelehrte Hippokrates konnte deshalb sagen: *„Ob etwas Gift oder Heilmittel ist, bestimmt allein die Dosis!"*[36] Das heißt, es geht im Leben um die richtige Dosis, mit der Sie den Mix Ihres Lebens zusammenstellen sollten, wenn es ein heiles Leben werden soll. Lassen Sie sich darauf einstimmen, mit einer Dosis irischer Dichtkunst zum Thema „Zeit":

Nimm dir Zeit, um zu arbeiten; es ist der Preis des Erfolgs.
Nimm dir Zeit, um nachzudenken; es ist die Quelle der Kraft.
Nimm dir Zeit, um zu spielen; es ist das Geheimnis der Jugend.
Nimm dir Zeit, um zu lesen; es ist die Grundlage des Wissens.
Nimm dir Zeit, um freundlich zu sein; es ist das Tor zum Glücklich sein.
Nimm dir Zeit, um zu träumen; es ist der Weg zu den Sternen.
Nimm dir Zeit, um zu lieben; es ist die wahre Lebensfreude.
Nimm dir Zeit, um froh zu sein; es ist die Musik der Seele.
Nimm dir Zeit, um zu genießen; es ist die Belohnung deines Tuns.[37]

---

[36] Seiwert, Lothar J.: 30 Minuten für mehr Zeit-Balance, Offenbach [3]2002, S. 6.
[37] A.a.O., S. 7.

Wenn Sie diese Zeilen auf sich wirken lassen, spüren Sie vielleicht auch an dieser Stelle, dass es bei Zeit- und Lebensplanung nicht allein um das Erlernen von Techniken geht, sondern dass es etwas ist, das zu Ihrer zweiten Natur werden muss. Es ist nicht allein Sache des Verstandes, sondern vor allem des Herzens, frei nach dem Motto des biblischen Königs Salomo:

> *„Verlass dich auf den HERRN von ganzem Herzen, und verlass dich nicht auf deinen Verstand, sondern gedenke an ihn in allen deinen Wegen, so wird er dich recht führen. Dünke dich nicht, weise zu sein, sondern fürchte den HERRN und weiche vom Bösen. Das wird deinem Leibe heilsam sein und deine Gebeine erquicken."*
>
> *(Sprüche 3,5-8)*

Das heißt, es geht darum, das Ziel Gottes mit Ihrem Leben im Auge zu behalten. Nichts anderes ist für mich eine gut mit Gott abgesprochene Lebensvision. Aber damit werden Sie auch vor eine Wahl gestellt: Entweder die Thematik ist für Sie irrelevant, was ich nicht glaube, sonst würden Sie dieses Buch nicht lesen. Oder Sie beginnen heute damit, dem nachzuspüren, was Gott von Ihnen möchte, um dann zu erleben, wie sich dieses Nachspüren der Pläne und des Willens Gottes im Verlauf Ihres Lebens ganz konkret auf Ihre Jahres-, Wochen- und Tagesplanung rund um Ihr Leben auswirken wird.

Ich möchte Ihnen helfen, dem ein bisschen auf die Spur zu kommen, indem wir uns mit den vier Dimensionen befassen, die fast ausnahmslos in jedem Menschenleben zu finden sind:

- physisch (Körper / Gesundheit / Kreativität / Lebensfreude)

- sozial/emotional (Beziehungen / Kontakte / Hobbys / Freunde)

- mental (Leistung / Beruf / Finanzen / Sicherheit / Wohnung)

- spirituell (Sinn / Glaube / Werte / Wünsche / Visionen)

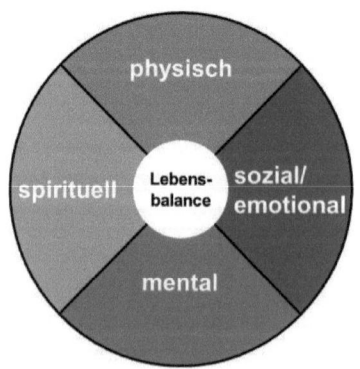

Dass diese Dimensionen nicht ganz aus der Luft gegriffen sind zeigt ein Beispiel aus der Natur, in der die Dinge auch in Balance sein müssen:

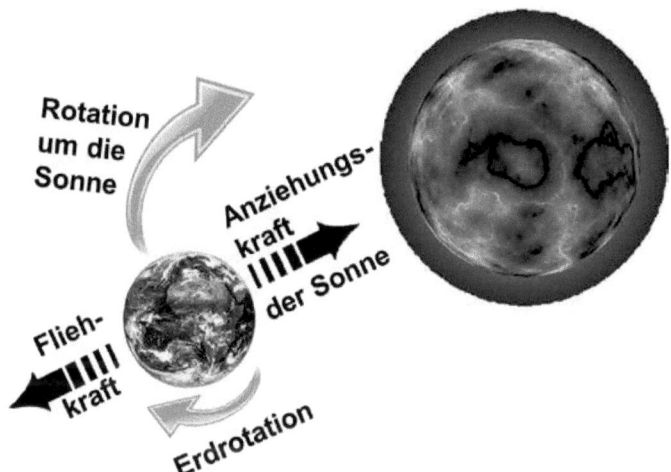

Auf die Erde wirken vier Kräfte ein, die zueinander in einem ausgewogenen Verhältnis stehen müssen, um den Fortbestand und das Leben der Erde zu sichern.

1. Die Rotation um die Sonne: Die Erde dreht sich um die Sonne.

2. Die Eigenrotation: Die Erde dreht sich um sich selbst.

3. Die Anziehungskraft der Sonne.

4. Die Fliehkraft der Erde: Aufgrund der Rotation um die Sonne.

Wenn eine dieser Kräfte ausfällt, wirft es die Erde in das Universum, die Jahreszeiten fallen aus oder die Naturgesetze greifen plötzlich nicht mehr. Dann fallen Dinge evtl. nicht mehr zu Boden, sondern sie fliegen nach oben.

Nun könnte man diese Kräfte auch auf den Menschen beziehen. Damit hätten wir z.B. bei der Rotation um die Sonne, die Selbsthingabe an etwas Größeres: Die spirituelle Dimension. Die sozial-emotionale Dimension wäre bei der Eigenrotation anzusiedeln. Es ginge dabei um die Bedürfnisse des Menschen, die auch ihren Raum haben müssen. Die mentale Dimension würde sich dabei auf die Anziehungskraft der Sonne beziehen, die Beharrlichkeit ausdrückt, oder Dinge, die fest sind, wie z.B. Werte, Traditionen, Verlässlichkeit und Sicherheit. Und schließlich die physische Dimension, die bei der Fliehkraft der Erde in dem Sinne anzusiedeln wäre, dass es hier um Veränderung geht, um Neues oder um Kreativität. All diese Dinge müssen im Gleichgewicht sein, sonst gerät das eine oder andere aus den Fugen.

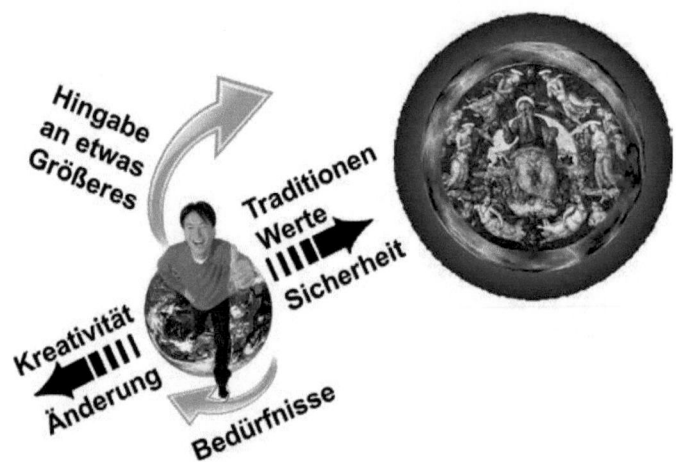

Wobei im Gegensatz zu den Naturgesetzen und dem Verhältnis der Erde zur Sonne bei den menschlichen Dimensionen niemand anders als Sie selbst dafür verantwortlich sind, diese Balance herzustellen. Dazu habe ich eine Geschichte für Sie, die ich von einem Facharzt für Psychotherapie erfahren habe[38]:

Eine Frau und Mutter arbeitete ihr Leben lang in einem Pflegeberuf, dem sie sich ganz und gar verschrieben hatte. Immer hatte sie sich nur um andere gekümmert. Als sie eines Tages zum Pflegefall wurde, kippte sie auf die andere Seite und war von nun an der Meinung, dass sich alle um sie kümmern müssten. Die Tochter und der Schwiegersohn mit den Kindern hatten von da an weder Freiheiten noch Urlaub.

Bis sie sich eines Tages doch dazu entschieden, einen Familienurlaub zu machen und die Mutter in der Zeit durch einen Pflegedienst betreuen zu lassen. Einen Tag vor Urlaubsantritt fand die Tochter im Zimmer ihrer Mutter einen Brief vor, auf dem stand: „Nun könnt ihr Ur-

---

[38] N.N. ist Facharzt für Neurologie, Psychiatrie und Psychotherapie im Schwarzwald. Ich erfuhr es bei einer Fortbildung der Angestellten einer Diakoniestation, am 26.04.2012.

laub machen. Ich werde euch nun nicht mehr zur Last fallen. Und damit habt ihr auch keine Mühen und Arbeit mehr und auch keine Mutter". Die Mutter hatte sich im Laufe der Nacht das Leben genommen.

Wenn Sie in Ihrem Leben lange nicht auf Ihre Balance achten und sich beispielsweise nur um anderen kümmern, kann das in einem kritischen Moment (gesundheitlich, psychisch, o.ä.) auf die andere Seite kippen: „Jetzt bin ich dran!" „Alle müssen jetzt für mich da sein!" Ob dies bewusst eingefordert wird oder nicht, ist nicht immer eindeutig zu klären.

Auf diesem Hintergrund schauen wir uns jetzt die vier Dimensionen menschlichen Lebens etwas genauer an:

Die physische Dimension
Dazu gehört alles, was Sie aktiv für Ihren Körper tun. Z.B. ihn richtig ernähren, ihm ausreichend Ruhe und Entspannung gönnen und ihm regelmäßig Bewegung verschaffen. Tun Sie das nicht, wird Ihr Körper mit Müdigkeit und Trägheit reagieren. Vince Lombardi hat einmal gesagt: *„Müdigkeit macht uns alle zu Feiglingen!"*[39]

Zahlreiche Untersuchungen haben bestätigt, dass Menschen zur Re-Aktion tendieren, wenn sie müde sind. Re-Aktion kommt allerdings aus der Defensive und das ist keine gute Ausgangsposition für das Leben. Denn das Leben sollte aus der Offensive heraus gestaltet werden. Achten Sie deshalb auf eine aktive Ausrichtung dieser Dimension.

Sozial-emotionale Dimension
Der Altersforscher Thomas Glass von der Harvard Universität fand bei einer Befragung von 2.700 Menschen über 65 Jahren heraus, dass Freunde das Leben bis zu einem Drittel verlängern können.[40] Das ist praktisch nur eine Ergänzung zu der alten Weisheit, dass Beziehungen generell das Leben verlängern.

Allerdings reicht die Beziehung zu einem Partner allein noch nicht aus, sondern es müssen vielfältige Beziehungen zu unterschiedlichen Menschen sein. Nicht umsonst werden wir vom Schreiber des Hebräerbriefes dazu angehalten, uns auch um andere Menschen zu kümmern:

---

[39]   Covey: Weg, S. 173.
[40]   Seiwert: Bumerang, S. 87.

„… und lasst uns aufeinander Acht haben und uns anreizen zur Liebe und zu guten Werken und nicht verlassen unsre Versammlungen, wie einige zu tun pflegen, sondern einander ermahnen, und das umso mehr, als ihr seht, dass sich der Tag naht." (Hebräer 10,24-25)

Und wenn es sich dabei auch noch um Freunde handelt, ist ja ein unendliches Leben schon fast nicht mehr auszuschließen! Allerdings fängt diese Beziehungspflege bei Ihnen an. Wenn Sie keine Beziehungen pflegen und sie nicht aktiv vorantreiben, wird es nichts werden.

Übrigens werden Menschen generell als sympathisch und als angenehme Zeitgenossen empfunden, wenn sie

- häufiger anderen zuhören als selbst reden,
- Gefühle anderer Menschen achten und respektieren,
- lieber Fragen stellen als Argumente ins Feld führen,
- lieber von anderen lernen, als andere belehren wollen,
- dem Gegenüber immer wieder kleine Gesten des Entgegenkommens und der Dankbarkeit zeigen,
- selbstlos versuchen, anderen zu dienen. Der Vorteil dabei ist, dass Sie im Bereich des selbstlosen Dienens nahezu konkurrenzlos sind.

Mentale Dimension

Bei dieser Dimension geht es um Life-Long-Learning, Beruf, Karriere, Leistung und Wohlstand. Natürlich finden auch diese Bereiche in Beziehungen statt, allerdings sind berufliche Beziehungen mit privaten oder freundschaftlichen Beziehungen nicht zu vergleichen. Im Großen und Ganzen geht es deshalb an dieser Stelle eher um Leistung und Existenzsicherung.

Fachleute raten, dass man im Rahmen dieser Dimension seine Kräfte konzentrieren sollte. Was auch bedeuten kann, dass Sie sich spezialisieren müssen. Das ist in manchen Bereichen der Arbeitswelt oder auch als Eltern nicht immer ganz so einfach. Die Erwartungen, in diesen Bereichen auf allen Ebenen mindestens gut zu sein, sind oft latent vorhanden oder werden manchmal sogar offen eingefordert. Und das führt nicht selten dazu, dass das Leben total aus den Fugen gerät.

Vielleicht hilft Ihnen an dieser Stelle der Hinweis, dass es auch die Möglichkeit gibt, sich zum sogenannten „SLOBBY"[41] zu entwickeln. Solche Menschen arbeiten zwar langsamer, aber dadurch auch genauer und fehlerfreier.

Laut Wikipedia steht Slobby als Akronym für „slow but better working people"[42]. Dies sind Menschen, welche ihren Alltag eher langsam leben. Slobby sein ist demnach ein Lebensstil entgegen allen schnelllebigen Inhalten. Qualität steht vor Quantität. Der typische Slobby hat keine Eile, meidet hektische Begebenheiten und ist oftmals viel langsamer bei seiner Arbeit. Meist haben Slobbies schlechte Erfahrungen durch falsche Lebensplanung gemacht und besinnen sich fortan, neben der Arbeit und anderen Aufgaben, sich ihrer Familie, ihrem eigenen Leben oder der Umwelt zu widmen.

Burnout

Solche Menschen sind deshalb auch nicht so gefährdet bezüglich einer „Volkskrankheit", die immer mehr Raum einnimmt: Burnout. Ich werde im Rahmen dieses Buches das Thema Burnout sicher nicht im Detail bearbeiten, dennoch möchte ich ein paar Informationen dazu geben, wie Burnout erkannt werden kann, damit Sie gleich bei den ersten Anzeichen gegensteuern können.

Wichtig ist mir auch die Feststellung, dass Burnout keine Krankheit ist, die man heilen müsste. Burnout ist eine Reaktion des Körpers und der Seele auf übermäßigen Stress und/oder Überarbeitung. Dagegen können Sie vorbeugend vorgehen. Dennoch kann es in einen krankhaften Zustand übergehen, wenn Sie nicht auf die Signale achten und sich dementsprechend verhalten.

Ich spreche dies deshalb an, weil ich in meinen Anfangsjahren als Pastor knapp einem Burnout entgangen bin. Ich arbeitete damals ca. 1½ Jahre lang etwa 70 Stunden die Woche, bei einer sieben-Tage-Woche. Es gab demnach keine Erholungsphasen oder solche, an denen ich die Füße hochlegen konnte, um auszuruhen. In dieser Zeit machte mir irgendwann ein „komischer" Dauerhusten zu schaffen, den

---

[41] Siehe auch: Seiwert: Bumerang, S. 38.
[42] Langsame, aber besser arbeitende Menschen.

ich nicht mehr loswurde. Daraufhin folgte der Gang zu Ärzten, Lungen-klinik, etc., das volle Programm. Doch alle bescheinigten mir, dass mei-ne Lunge vollkommen in Ordnung sei. Ich war also gesund und den-noch dauernd am Husten. Das ging so lange, bis mich mein Hausarzt eines Tages fragte: „Haben Sie eigentlich viel Stress?" In der Folgezeit veränderte ich radikal meine Lebensplanung, hielt in der Woche min-destens einen freien Tag ein und achtete darauf, dass mein Körper sei-ne Erholungsphasen bekam. Es dauerte nicht lange, da verließ mich auch meine körperliche Alarmfunktion wieder, mein Husten. Sie können sich vorstellen, dass ich aufgrund dieses Erlebnisses in Bezug auf Burnout sehr sensibel bin.

In Anlage 9 habe ich für Sie einen Artikel aus einem Buch integriert, der sich mit 12 möglichen Stufen befasst, die zu einem Burnout führen können. Wichtig ist mir in diesem Zusammenhang, dass nach meiner Einschät-zung spätestens ab der sieb-ten Stufe professionelle Hilfe in Anspruch genommen wer-den sollte. Am besten wäre es, wenn es gar nicht so weit kommen würde. Deshalb bitte ich Sie, dieses Thema nicht auf die leichte Schulter zu nehmen, sondern wachsam zu sein, vor allem in Bezug auf die eigene Lebensführung bzw. die eigene Zeit- und Lebensplanung.

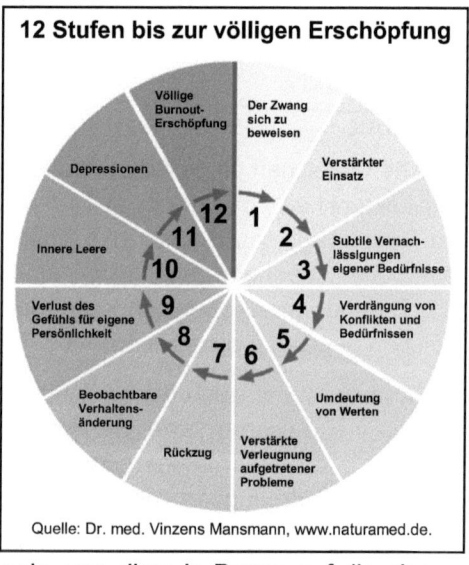

12 Stufen bis zur völligen Erschöpfung

Quelle: Dr. med. Vinzens Mansmann, www.naturamed.de.

Spirituelle Dimension

Diese Dimension ist der Kernbereich Ihres eigenen Wertesystems. Es ist die Dimension, die darüber bestimmt, wie Sie über Dinge denken, wie Sie diese anpacken bzw. was Sie überhaupt inspiriert, Dinge anzu-gehen. Sie entscheidet auch über Ihre Weltsicht und über Ihre Sicht bzw. Einschätzung von Menschen. Für uns Christen ist klar, wo sich das Zentrum dieser spirituellen Dimension befindet. Es ist Jesus Christus in

Ihnen. Dazu schreibt der Apostel Paulus beispielhaft für das Leben eines jeden Menschen, der mit Jesus leben möchte:

„Ich lebe, doch nun nicht ich, sondern Christus lebt in mir. Denn was ich jetzt lebe im Fleisch, das lebe ich im Glauben an den Sohn Gottes, der mich geliebt hat und sich selbst für mich dahingegeben." (Galater 2,20)

Das Zentrum der spirituellen Dimension ist „Christus in mir". Und die Herausforderung des Christseins ist es, zu diesem Jesus Christus *„in mir"* eine intensive Beziehung aufzubauen. Diese Beziehung wird helfen, das Leben weise zu leben und wird dem Leben Sinn geben und Sie auch unabhängiger von der Meinung anderer Menschen machen.

Nach dieser kurzen Aufschlüsselung der vier Dimensionen, möchte ich Sie nun bitten, sich einen Moment Zeit zu nehmen, um das untenstehende Schaubild zu den vier Dimensionen noch einmal in Ruhe zu betrachten. Dabei können Sie auch überlegen, welches für Sie gerade die wichtigste Dimension ist.

Und dann stellen Sie sich bitte selbst die Frage: Wenn ich diesen „Kuchen" selbst aufteilen könnte: Wie groß wären die vier Stücke? Welchen prozentualen Anteil würde ich gerade jetzt den einzelnen Dimensionen zuordnen?

Dabei gibt es kein „richtig" oder „falsch", sondern es geht nur darum, dass Sie Ihr derzeitiges Leben reflektieren. Vielleicht bringt Sie dies ja an den einen oder anderen wichtigen Punkt Ihres Lebens.

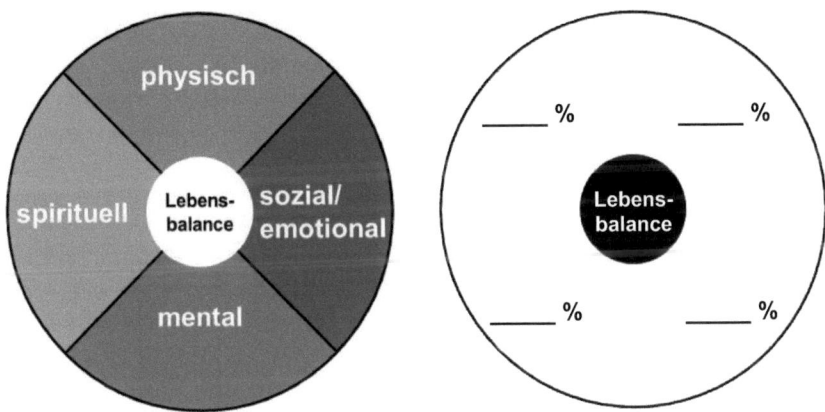

Säge schärfen

Ich steige wieder ein mit einem Bild, das Ihnen helfen kann, dieses Diagramm in Ihr Leben einzugliedern: Dazu stellen Sie sich einmal vor, dass Sie durch einen Wald spazieren. Alles duftet nach Waldboden und Fichtenholz und die Vögel zwitschern. Ganz unvermittelt treffen Sie auf einen Mann, der fieberhaft daran arbeitet, einen Baum zu zersägen. „Was machen Sie da?", fragen Sie ihn. „Das sehen Sie doch", antwortet er ungeduldig, „ich möchte diesen Baumstamm zersägen." Darauf sagen Sie: „Das sieht aber nicht wirklich erfolgreich aus. Wie lange sind Sie denn schon zugange?" „Über eine Stunde", antwortet er, „und ich bin echt k.o. Das ist harte Arbeit!" Als Kenner der Materie sagen Sie nun zu ihm: „Warum nehmen Sie sich nicht ein paar Minuten Zeit, um ihre Säge zu schärfen? Dann ginge es vielleicht schneller". Darauf sagt der Mann etwas mürrisch: „Ich habe keine Zeit, die Säge zu schärfen, ich muss heute noch mindestens drei solcher Bäume zersägen!"[43]

Was will ich mit diesem Bild vom „Säge schärfen" sagen? Ich habe den Beruf des Sägewerkers gelernt und weiß sehr gut, was es bedeutet, wenn eine Säge stumpf ist. Und ich weiß, wie es sich anfühlt, wenn man sie scharf gemacht hat und dann eine dicke Eiche damit zersägt. Wenn die Säge scharf ist, schneidet es sich drei Mal so schnell.

„Die Säge schärfen" ist eine Metapher, die Stephen R. Covey in seinem Buch „Die 7 Wege zur Effektivität" erläutert und sie in den Zusammenhang mit den vier Bereichen des Lebens bringt. Für ihn bedeutet „Säge schärfen", alle vier Dimensionen unseres Seins zu trainieren, und zwar regelmäßig und in weiser und ausgewogener Form. Das heißt, dass mindestens in Ihrer Wochenplanung für jede der vier Dimensionen eine Zielvorgabe und/oder ein Termin vorhanden sein sollten. Z.B. ein Termin im Fitness-Studio, ein Kurstermin in der Volkshochschule, ein regelmäßiges Treffen in einer Zweierschaft, zu spirituellem Austausch, ein Abendessen mit einem Freund, usw.

Wer seine Säge scharf hält, wird sich auch darin leichter tun, im eigenen Leben, eine Balance zwischen den vier Lebensdimensionen herzustellen. Covey schreibt dazu: *„Wie bei jedem Prinzip ist einer der eindrucksvollsten Belege für seine Existenz in seinem Gegenteil zu*

---

[43] Nach Covey: 7 Wege, S. 315.

finden, dem Ungleichgewicht, und dem Leben mit den Folgen dieses Ungleichgewichts.[44] Kurz gesagt: Was wir unter „Life-Balance" verstehen wird immer dann am deutlichsten, wenn diese Balance nicht vorhanden ist bzw. das Leben etwas aus den Fugen gerät. Diese Erkenntnis ist noch nicht die Lösung für ein Leben in Balance, aber sie ist eine sehr wichtige Grundlage dafür.

Die Lösung liegt viel stärker in dem kleinen aber feinen Wort „Synergie" verborgen. Synergie kann Sie vor der Fragmentierung Ihres Lebens bewahren und die einzelnen Lebensbereiche unter einen Hut bringen. Wie das bei Ihnen aussieht, kann ich natürlich nicht beurteilen, denn jedes Leben ist anders. Aber ich kann Ihnen ein paar Fragen zur Verfügung stellen, die Ihnen helfen können:

• Was ist meine Lebensvision?

• Wie zeigen sich in meinem Leben die vier Dimensionen?

• Welche Ziele habe ich für diese Dimensionen (Lebensbereiche)?

• Wie lassen sich diese Ziele miteinander verbinden?

• Wo können sich meine Lebensbereiche gegenseitig unterstützen bzw. wie ergänzen sie sich?

Solche und ähnliche Fragen können dazu beitragen, dass Ihr Leben in Balance kommt. Dabei erspüren Sie für Ihr Leben, was wichtig ist und versuchen mit Hilfe von Synergien, diese wichtigen Bereiche des Lebens miteinander zu verbinden. Das Ziel ist, dass jede Dimension Ihres Lebens nachhaltig abgedeckt wird.

Balance dürfen Sie aber nicht so verstehen, als wäre damit der Lebenskuchen immer in gleich große Stücke unterteilt. So wird es in keinem Leben aussehen. Jeder weiß, dass es Zeiten gibt, wo man im Leben Schwerpunkte setzen muss und deshalb eine Dimension zeitlich überbetont wird, um bestimmte Ziele zu erreichen. Das ist aber normal.

Ein Leben gerät erst dann völlig aus der Balance, wenn dieser Schwerpunkt über einen so langen Zeitpunkt gesetzt wird, dass alle anderen Lebensbereiche darunter leiden bzw. evtl. sogar zerstört wer-

---

[44] Covey: Weg, S. 116.

den. Das Resultat ist meist eine sogenannte Erschöpfungs-Depression oder sogar ein Burnout. Achten Sie also darauf, dass Ihre Säge immer scharf ist und dass Sie Ihre Lebensbereiche nicht als jeweils eigenständig sehen, sondern als Teile eines Ganzen, die durch Synergien zwischen den Lebensbereichen verbunden sind.

Wenn Sie zu solchem Nachdenken im normalen Alltag Ihres Lebens keine Möglichkeiten finden, empfehle ich Ihnen am Ende dieses Kapitels über das Leben in Balance ein Instrument, das es Ihnen ermöglichen sollte, ab und zu aus dem Alltag aussteigen zu können. Vielleicht hilft Ihnen dabei auch der Rat des Gründers des Zisterzienserordens, Bernhard von Clairvaux (1090-1153), den er an seinen ehemaligen Schüler, Papst Eugen III. schrieb:

„Wenn du dein ganzes Leben und Erleben völlig ins Tätigsein verlegst und keinen Raum mehr vorsiehst für die Besinnung und das Nichtstun - dafür lobe ich dich nicht. Wer mit sich selbst schlecht umgeht, wie kann der gut sein? Gönne dich dir selbst! Ich sage nicht: Tu das immer. Ich sage nicht: Tu das oft. Aber ich sage: Tu das immer wieder einmal. Sei wie für alle anderen, so auch für dich selbst da."

Dreamday

Eine große Hilfe bei der Einrichtung und Kontrolle einer persönlichen Life-Balance, ist der sogenannte „Dreamday". Dies kann ein ganz mächtiges Instrument in der Lebensplanung sein, wenn Sie es nicht nur zu nutzen wissen, sondern auch wirklich so konsequent sind, um sich Zeit dafür frei zu halten.

Wir brauchen Zeit zum Träumen, Zeit zum Erinnern und Zeit, das Unendliche zu erreichen.

Zeit, zu sein

Ich weiß nicht, wer den nebenstehenden Satz niedergeschrieben hat, aber ich finde er bringt das zum Ausdruck, was letztlich dazu geführt hat, dass der Dreamday heute auf vielen Leitungsebenen Eingang gefunden hat: *„Wir brauchen Zeit zum Träumen, Zeit zum Erinnern und Zeit, das Unendliche zu erreichen. Zeit zu SEIN."*

Der Motor hinter diesem Ansinnen wird für mich als Christ am besten in den Worten von Paulus an die Christen der Gemeinde in Philippi wiedergegeben:

„Ich vergesse, was dahinten ist, und strecke mich aus nach dem, was da vorne ist, und jage nach dem vorgesteckten Ziel, dem Siegespreis der himmlischen Berufung Gottes in Christus Jesus." (Philipper 3,13-14)

Allerdings, wer zu sich selbst wirklich ehrlich ist, der weiß, dass der Alltag viel zu penetrant ist, als dass er einem wirklich die Chance gibt, auszusteigen, nachzudenken, oder vielleicht sogar zu träumen. In den meisten Fällen ist das nicht so ohne weiteres nebenbei möglich. Doch das könnte sich negativ auf Ihre Life-Balance auswirken. Denn wo es nicht möglich ist, zwischendurch einmal auszusteigen, werden Dinge nicht zu Ende gedacht, können kleinere oder größere Probleme des Lebens nicht durchdacht und Lösungswege für drängende Dinge von Beruf- und Privatleben nicht angedacht werden. Deshalb halte ich dieses Werkzeug mit Namen „Dreamday" auch für so wichtig.

Ein Dreamday ist ein halber oder ein ganzer Tag, der von Stille geprägt ist. Wie der Tag gestaltet wird und welche Dinge an diesem Tag wichtig sein sollen, hängt allein von der Person ab, die diesen Tag für sich in Anspruch nimmt.

Der Ort für den Dreamday kann frei gewählt werden. Einzige Einschränkung: Bitte nicht zu Hause durchführen oder im Büro, denn dort sind zu viele Dinge, die ablenken können und damit den eigentlichen Sinn dieses Tages fast ins Gegenteil verkehren. Deshalb lieber in die Natur, in eine Pension, ins nächste Restaurant oder einen Zug mit Bord-Bistro. Wo auch immer es sein kann; wichtig ist, dass Sie sich dort wohl fühlen, wo Sie diesen Tag verbringen, damit Ihr Kopf freie Bahn hat, das zu entwickeln, was an diesem Tag dran ist.

Welche Dinge mitgenommen werden, bleibt wieder jedem selbst überlassen. Ob Sie eine Bibel mitnehmen und/oder den Terminplaner, Ihren Wochenplan, oder auch nur Ihr Tagebuch. Das Ziel dieses Tages ist nicht, möglichst viel abzuarbeiten, sondern sich auf das zu besinnen, was Ihnen gerade am Wichtigsten erscheint, für Ihr Privat- oder Berufsleben.

Damit Sie sich einmal eine Vorstellung davon machen können, wie so ein Tag ablaufen könnte, hier einen möglichen Tagesplan für einen Dreamday, der sich über einen halben Tag erstreckt:

09:00 Uhr   Distanz gewinnen, Unerledigtes notieren

09:30 Uhr   Reflexion über meine Fähigkeiten:
+ Was kann ich?
+ Was habe ich in den letzten Monaten dazugelernt?
+ Welche meiner Begabungen würde ich in Zukunft gerne mehr ausleben?

10:30 Uhr   Beschreiben und / oder Überarbeiten zentraler Ziele meines Lebens

11:30 Uhr   Für jede Dimension / jeden Lebensbereich / jede Aufgabe:
+ Fernziele und gegenwärtiges Engagement vergleichen
+ Etappenziele für nächstes Quartal festlegen und auf die Monate verteilen
+ Grobe Zeitplanung für kommendes Quartal (in welcher Woche möchte ich was umsetzen?)
+ Datum für nächsten Dreamday festlegen!

13:30 Uhr   Ende (mit Mittagessen?)

Am besten gönnen Sie sich jedes Quartal einen solchen halben oder ganzen Dreamday. Sie werden es nicht bereuen!

Umgang mit Störungen

„Keine Lust ist an sich ein Übel. Aber das, was bestimmte Lustempfindungen verschafft, führt Störungen herbei, die um vieles stärker sind als Lustempfindungen."[45]

„Die Frucht aber des Geistes ist Liebe, Freude, Friede, Geduld, Freundlichkeit, Güte, Treue, Sanftmut, Selbstbeherrschung; gegen all dies ist das Gesetz nicht." (Galater 5,22-23)

Der griechische Philosoph Plato soll einmal gesagt haben: *„Ich kenne keinen sicheren Weg zum Erfolg, nur einen zum sicheren Misserfolg - es jedem recht machen zu wollen!"* Wenn Sie sich jetzt fragen, was dies mit dem Thema „Umgang mit Störungen" zu tun hat, hier die Auflösung:

„...es jedem recht machen zu wollen!" bedeutet, sich nach allen Seiten zu strecken, sich von allem möglichen beeinflussen zu lassen und deshalb störanfällig zu sein. Das sind die besten Voraussetzungen dafür, seine eigenen Ziele zu verfehlen, bzw. die wichtigen und notwendigen Dinge nicht oder nicht so leicht erledigen zu können.

Auf der anderen Seite verhält sich das Leben oder auch die Zeit oft so, wie es Henry Ford einmal beschrieb: *„Die Zeit ist wie eine verspielte Katze. Sie umschmeichelt einen und schlabbert den Tag auf wie eine Schale Milch".* Es gibt Tage, da frage ich mich am Abend schon auch: „Was habe ich heute eigentlich gemacht?" Und manchmal ist es wirklich dumm, dass mir dann so gar nichts einfallen möchte, hinter das ich einen Haken machen könnte. Natürlich habe ich den ganzen Tag etwas gemacht: Hier ein Telefonanruf, dort schnell eine E-Mail beantwortet, dann hat es an der Tür geklopft und es folgte ein Gespräch, danach wieder eine E-Mail, plötzlich hat der Kopierer ein Problem, und natürlich spinnt an diesem Tag auch die EDV-Anlage. Auf diese Weise wurde der Tag *„aufgeschlabbert wie eine Schale Milch".*

Man unterscheidet bei diesen Störungen zwischen inneren und äußeren Störungen, die dann noch einmal unterteilt werden. In der Tabelle auf der nächsten Seite sind einige davon aufgelistet.

---

[45] Epikur. Griechischer Philosoph (341-270 v. Chr.).

Innere Störungen

Störungen, die psychisch bedingt sind:	*Störungen, die wir selbst verursachen:*
• Unlust • Übermüdung • Ängste • Sorgen • Schwatzhaftigkeit	• Unordnung am eigenen Arbeitsplatz • Schlechte Zeiteinteilung • Langsamkeit / Weitschweifigkeit • Scheinarbeit => siehe Anlage 10: „Scheinarbeit - 11 Wege, wie Sie garantiert beschäftigt wirken" • Ungenügende Fertigkeiten: Computer, Büromaschinen, Organisation, etc.

Äußere Störungen

Störungen durch Personen:	*Störungen durch Reize:*
• Vorgesetzte, Kollegen, Kunden • Telefonanrufe oder unangemeldete Besuche unterbrechen die Arbeit • E-Mails • Soziale Kontakte (wenn sie zu viel Zeit beanspruchen)	• Schlecht klimatisierter Arbeitsraum (zu kalt, zu warm, schlechte Luft) • Unordnung • Geräusche - Lärm • ungeliebter „Musikteppich", wie z.B. die Dauerbeschallung durch Nachbarn oder Kollegen • Visuelle Reize (Sonne, Notizzettel, Lichtquellen, Chat-Programme, Soziale Netzwerke, etc.) • Gerüche Parfüm, Mundgeruch, Schweißgeruch • Unbequeme Kleidung

Der Sägeblatt-Effekt

Mindestens all diese, aber auch noch andere, sogenannte „Störfaktoren" tragen dazu bei, dass viele Menschen ihre eigentliche Arbeit erst nach dem offiziellen Arbeitsende erledigen können, weil sie tagsüber keine Zeit dazu finden. Viel zu fragmentiert ist der Tag, so wie ich es eben am eigenen Beispiel erläutert habe.

Wenn jemand in seiner Arbeit dauernd unterbrochen wird, spricht man davon, dass der sogenannte „Sägeblatt-Effekt" eintritt.

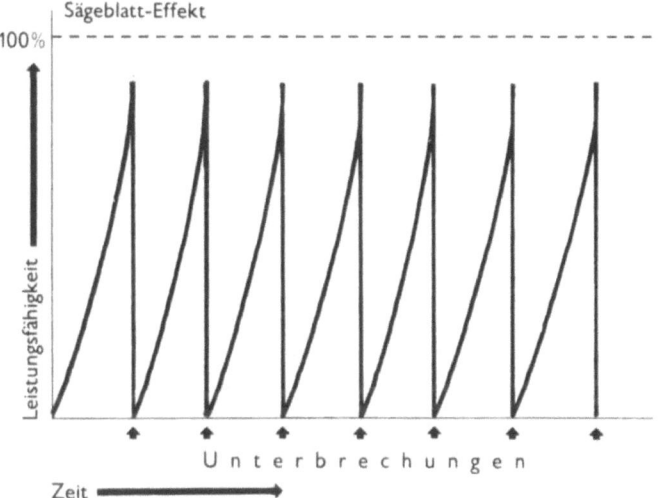

Und der geht folgendermaßen vonstatten: Sie arbeiten und sind gedanklich vertieft. Plötzlich klingelt das Telefon. Es ist nur ein kurzer Anruf, der Sie aber für einen kurzen Moment auf einen anderen Gedanken bringt. Und schon sind Sie aus Ihren Gedanken geholt. Bis Sie wieder an gleicher Stelle weiterarbeiten können, wird eine zusätzliche Anlauf- und Einarbeitungszeit benötigt.

Addiert man diesen Leistungsverlust, können dabei bis zu 28% Ihrer Arbeitszeit verloren gehen. Nun wissen wir aber schon, dass wir für unsere Quadrant-1- und 2-Aufgaben möglichst störungsfreie Zeit und Konzentration benötigen.

Was also tun? Eine Möglichkeit ist eine sogenannte „Stille Stunde". Oder man spricht auch von „Sperrzeiten", in denen Sie von niemand gestört werden dürfen. In diesem Fall hängt an der Tür das Schild „Bitte nicht stören", das Telefon ist umgeleitet, oder Sie nehmen es unter keinen Umständen ab. Das E-Mail-Programm ist geschlossen, kein Chat-Fenster ist offen und die sozialen Netzwerke haben auch Pause. Kein Kontakt zur Außenwelt ist die beste Möglichkeit, um ungestört arbeiten zu können. Wenn Ihnen das nicht möglich ist, sollten Sie nach kreativen Ideen Ausschau halten, die Ihnen kleine Sperrzeiten ermöglichen.

Die Störzeiten-Kurve

Bei der Festlegung dieser „Sperrzeiten" können Sie z.B. die durchschnittliche Störzeiten-Kurve eines Arbeitsalltags berücksichtigen:

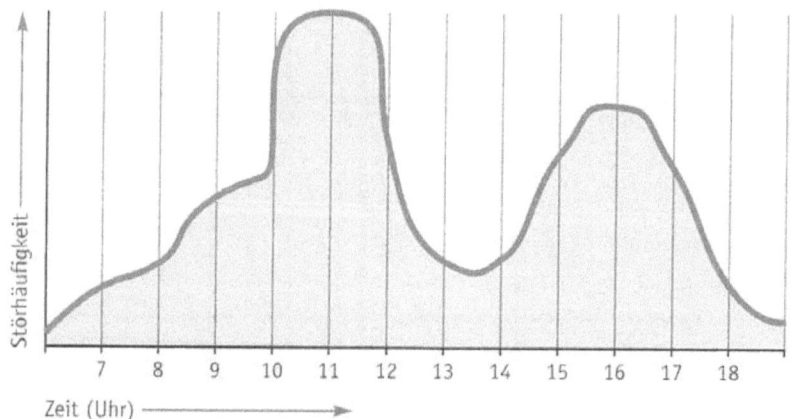

Ich habe in meinem Arbeitsleben festgestellt, dass es zwischen 06:00 Uhr morgens und 09:00 Uhr relativ ruhig ist. Danach steigen die Störzeiten und damit auch die Kurve rapide an, um dann um die Mittagszeit noch einmal zu sinken. Es ist dann ja Mittagspause. Danach steigt sie noch einmal an, um nach einem erneuten Höhepunkt zwischen 15:00 Uhr und 17:00 Uhr wieder auf das ruhige Niveau des Morgens abzusinken.

Es wäre nun wirklich nicht klug, seine „Sperrzeiten" in einen Höhepunkt der Störzeiten-Kurve zu legen. Aber seine Aufgaben früh am Morgen zu erledigen wäre in diesem Fall nicht schlecht, wenn Sie das möglich machen können, und sofern Ihnen die persönliche Leistungskurve keinen Strich durch die Rechnung macht.

Die Leistungskurve

Denn welcher Körper hat schon unendliche Ressourcen? Und die hat er auch dann nicht, wenn uns Nachfolger Jesu weismachen wollen, dass uns Gott immer die nötige Kraft gibt zu den Aufgaben, die wir zu bewältigen haben. Grundsätzlich ist das schon richtig, aber gilt das auch, wenn wir weder nach dem fragen, was Gott von uns möchte, noch auf den Körper und seine Signale achten, den Gott uns gegeben hat?

Gott wird uns die nötige Kraft zu den Aufgaben geben, die ER uns aufgibt. Das ist richtig, solange wir uns innerhalb des Willens Gottes, auch für unseren Körper bewegen. Aber was ist mit den Aufgaben, die Sie sich selbst aufbürden, ohne sie mit Gott abzusprechen? Vielleicht gerade weil Sie in der Versuchung stehen, es jedem recht machen zu wollen, oder weil Sie Probleme damit haben, Nein sagen zu können?

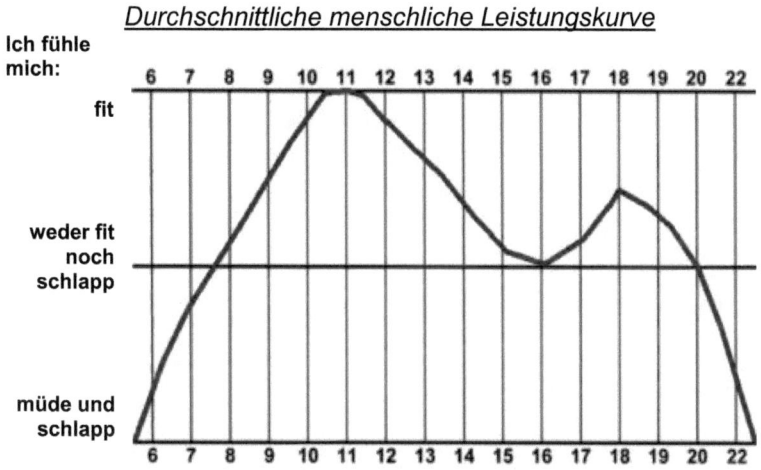

Wenn Sie auf Ihre Ressourcen achten möchten, beginnt es damit, dass Sie Ihr Leben beobachten, um herauszufinden, zu welcher Tageszeit Sie am meisten Energie haben. Diese Leistungskurve sollten Sie im Hinterkopf behalten, wenn Sie Ihren Tag planen. Es ist einfach eine Tatsache, dass Sie nicht den ganzen Tag hindurch das gleiche Leistungspotential zur Verfügung haben.

Beim Durchschnitts-Menschen ist das Leistungspotential zwischen 09:00 Uhr und 11:00 Uhr am Höchsten und sackt nach 22:00 Uhr wieder rapide ab. Natürlich gibt es da von Mensch zu Mensch noch Unterschiede, aber die in obigem Bild aufgemalte Kurve ist die laut Statistik durchschnittliche tägliche Leistungsbereitschaft eines Menschen in unseren Breitengraden.

Wenn Sie dies auf Ihre Arbeit beziehen, sollten Sie bei einer ähnlichen Leistungskurve Ihrerseits die Quadrant-1- und 2-Aufgaben nicht nach 22:00 Uhr erledigen. Sie sollten diese in den Vormittag legen, wo die Leistungsbereitschaft am Höchsten ist. Das können Sie sicher nicht in jedem Fall beeinflussen. Wo es aber möglich ist, sollten Sie es auf jeden Fall tun, wenn Ihre Arbeit effektiv sein soll.

Übungen zur Beseitigung von Störungen

Zum Schluss dieses Kapitels möchte ich Ihnen noch zwei Tipps mitgeben, wie Sie mit Störungen umgehen, bzw. diese beseitigen können. Der erste Tipp lautet:

Lernen Sie, Nein zu sagen
Wenn Sie auf alle Anfragen mit einem fröhlichen „Ja!" antworten, wird es bald selbstverständlich werden, dass man Sie stören kann, wann immer man möchte. Deshalb überlegen Sie bitte, auf welche Störungen Sie mit Nein reagieren können. Sie sollten niemals Ja sagen, wenn Sie eigentlich Nein meinen. Deshalb lernen Sie, Nein zu sagen:

- Prüfen Sie den Wunsch oder das Anliegen des „Störers".

- Wenn Sie zu dem Wunsch oder Anliegen kein Ja haben, dann sagen Sie bitte sofort: „Nein".

- Wenn Sie sich gerade etwas überrumpelt fühlen, dann bitten Sie einfach um eine Bedenkzeit.

- Falls Sie sich sofort entscheiden müssen, dann verschaffen Sie sich eine kleine Bedenkzeit, indem Sie virtuell bis 10 zählen. In dieser Zeit können Sie den Sachverhalt durchgehen und dann entsprechend reagieren.

- Begründen Sie jede Ablehnung kurz und sachlich.

- Wenn möglich, empfehlen Sie eine Person oder Sache als Alternative.

Der zweite Tipp lautet:

Erarbeiten Sie eine Strategie gegen Störungen
Dazu ist es hilfreich, wenn Sie sich zunächst eine eigene Störzeiten-Kurve erstellen. Dies können Sie tun, indem Sie „Ihre" Störungen analysieren und verschiedenen Kategorien zuordnen, wie z.B. „regelmäßig auftretende Störungen", „unregelmäßig auftretende Störungen" und „vermeidbare Störungen".

Danach können Sie die Störungen z.B. in folgende Tabelle eintragen, um eine geeignete Strategie erarbeiten zu können, wie Sie diese Störungen zukünftig vermeiden. Dabei geht es um die Situation, in der sich die Störung ereignet, Auswirkungen, die es auf Ihr Leben oder Ihre Arbeit hat und mögliche Ursachen dafür.

Dabei soll es aber nicht bleiben, denn das Ziel ist, die Störung künftig zu vermeiden. Deshalb arbeiten Sie bitte konsequent an einer Lösung der beschriebenen Störung und wie Sie diese in Ihr Leben oder Ihre Arbeit integrieren können.

	Störung 1	Störung 2	Störung 3
Situation			
Auswirkung			
Ursachen			
Lösung(en)			
Umsetzung			

Zu einer konsequenten Zeit- und Lebensplanung gehört auch, dass Sie mit Störungen umgehen, indem Sie diese möglichst vermeiden, oder so in Ihre Zeitplanung aufnehmen, dass Sie Ihre Pufferzeiten für unvorhergesehene Ereignisse entsprechend anpassen.

Selbstmanagement ist das A und O

„Was überhaupt wert ist, getan zu werden, ist auch wert, ordentlich getan zu werden."[46]

„Denn Gott ist nicht ein Gott der Unordnung, sondern des Friedens." (1. Korinther 14,33)

Selbstmanagement ist sowohl im beruflichen als auch privaten Umfeld unerlässlich. Dazu gehören z.b. die Organisation Ihres Arbeitsplatzes, sowie der Umgang mit Informationen und ein gutes E-Mail-Management. Zu diesen drei Themen habe ich ein paar Tipps zusammengestellt, die Ihnen vielleicht hilfreich sein können. Sie stammen aus meinem Buch „Leiterschaft ist ... wenn der Leiter schaf(f)t.

Arbeitsplatzorganisation

Bei der Organisation des Arbeitsplatzes greife ich aus der Vielzahl der Möglichkeiten vier Bausteine heraus, die helfen können, etwas mehr Ordnung in das eigene Büro zu bringen: Ablage, Wiedervorlage, Vormerkkalender und ein paar Tipps, wie Sie Ihren Schreibtisch freihalten können.

Damit sich in meinem Büro die Papierberge in Grenzen halten, habe ich eine zentrale Ablage eingerichtet, die aus vier Fächern besteht. Auf dem obersten Fach dieser Ablage steht: **„Eingang"**. Da hinein kommt alles, was von außen ankommt bzw. was einen Handlungsschritt, eine Entscheidung, o.ä. von mir fordert. Es ist die zentrale Schaltstelle für die „offenen Enden"[47] meiner Arbeit.

---

[46] Philip Dormer Stanhope, Earl of Chesterfield. Britischer Staatsmann und Schriftsteller (1694-1773).

[47] Als „offene Enden" werden all die Dinge bezeichnet, die nur im Verstand vorhanden bzw. bisher noch nicht erledigt sind. Werden diese auf einen Zettel geschrieben und gemeinsam mit den anderen Dingen in das Fach „Eingang" gelegt, die noch nicht erledigt sind, muss sich der Verstand nicht mehr mit diesen Dingen beschäftigen. Sie sind damit zwar immer noch „offen", aber nun an einem Ort, an dem sie potentiell erledigt werden. Damit ist der Verstand wieder frei für neue Dinge bzw. für kreatives Arbeiten.

Dabei handle ich immer nach dem sogenannten „Direkt-Prinzip", das besagt: *„Alles, was du in zwei bis drei Minuten erledigen kannst, tue sofort!"*. Beispiel: Sie bekommen eine Rechnung, die mit Lastschriftverfahren schon beglichen ist. Das heißt, diese Rechnung landet nicht im Eingangskorb, sondern wird sofort in den Rechnungsordner abgeheftet, da dieser Vorgang in weniger als drei Minuten erledigt werden kann. Damit belastet dieses Schriftstück die Ablage nicht. So gehe ich mit allen Vorgängen um.

Manche sagen: „Das kann man nicht!". Ich behaupte allerdings das Gegenteil. Natürlich müssen Sie dieses „Direkt-Prinzip" immer in dem Zeitrahmen sehen, den Sie zur Verfügung haben. Dennoch sparen Sie viel Zeit und Aufwand, wenn Sie die Dinge in der Regel sofort erledigen.

Beispiel aus dem Alltag: In Ihrem Haus befindet sich eine Küche, in die auch eine Spülmaschine eingebaut ist. Nun kommt das erste Mitglied der Familie nach Hause, macht sich einen Kaffee und stellt anschließend die Tasse auf die Ablage. Danach kommt der nächste, macht sich ein Brot, und stellt den Teller samt Messer und Trinkglas ebenfalls auf die Ablage. Wenn das zwei, drei Tage so gemacht wird, haben Sie einen Berg von Geschirr, an den keiner mehr ran möchte.

Da hilft dann nur noch Folgendes: Jeder, der etwas benutzt, räumt es sofort weg, ganz im Sinne des „Direkt-Prinzips". Das obige Beispiel können Sie auch auf Themen anwenden, wie Müll weg bringen, Termine verwalten, Rechnungen ablegen, Belege ordnen, Post bearbeiten, usw. Die Dinge des Lebens erledigen sich nicht von selbst, sondern haben die Eigenschaft, sich immer an irgendwelchen Stellen anzuhäufen. Ist das erst einmal geschehen, benötigen Sie zusätzliche mentale Kraft, damit Sie sich aufraffen, um den angestauten Berg abzuarbeiten. Erledigen Sie die einzelnen Dinge aber sofort, häuft sich viel weniger auf und der Eingangskorb bleibt überschaubar. Wenn es Ihre Zeit also zulässt - und in den allermeisten Fällen tut sie das, dann handeln Sie bitte nach dem „Direkt-Prinzip".

Das nächste Ablagefach ist beschriftet mit: **„Warte auf"**. In dieses Fach kommen alle Projekte oder Schriftstücke, die bereits bearbeitet wurden, bei denen aber der Vorgang noch nicht abgeschlossen ist, weil noch eine Entscheidung meinerseits oder Informationen von anderen ausstehen. Dazu gehören z.B. Bestellformulare, bei denen Sie auf die

Lieferung warten, die Einladung zum gemeinsamen Wochenende, bei der Sie noch auf die Anmeldungen warten, oder der Brief, den Sie z.B. an die Versicherung geschrieben haben, aber noch auf eine Antwort warten. Dieses Ablagefach verhindert, dass Ihnen wichtige Vorgänge aus dem Blickfeld geraten.

Auf dem nächsten Fach steht: **„Zur Kenntnis"**. Dort kommt alles rein, was nicht bearbeitet werden muss, aber ganz nett zu lesen wäre. Dieses Fach ist bewusst ein Sandwich-Fach zwischen „Warte auf" und „Wiedervorlage". Damit hat es eine Kapazitätsgrenze nach oben und Sie sind gezwungen, es immer wieder einmal durchzusehen.

Und schließlich noch das unterste Fach: **„Wiedervorlage"**. Dies ist eines der besten Hilfsmittel in einem Büro. Man kann diese Wiedervorlage auf drei verschiedene Arten anlegen: Entweder Sie verwenden ein System, das in einem Karteikasten Platz findet, ein System, das aus Hängemappen besteht oder ein System mit Pultordnern.

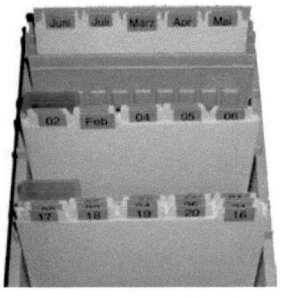

Wenn Sie einen Karteikasten als Wiedervorlage verwenden, brauchen Sie das Ablagefach „Wiedervorlage", weil dort alle Dokumente zu den jeweiligen Terminen abgelegt werden, die größer sind als eine Karteikarte.

Wenn Sie die Wiedervorlage mit einer Hängeregistratur organisieren, benötigen Sie das Ablagefach „Wiedervorlage" nicht, weil Sie in den Hängemappen alles ablegen können, was Sie noch einmal bearbeiten müssen. Genau das gleiche gilt für die Pultordner:

Wenn Sie z.B. einen Vorgang aus dem Eingangsfach nehmen, der nicht sofort bearbeitet werden kann, wie z.B. die Verlängerung eines Ausweises, für die der Antrag erst in vier Monaten eingereicht werden kann, dann legen Sie diesen Vorgang in den jeweiligen Monat (01-12) im Pultordner, in die Hängemappe des jeweiligen Monats, oder in das Fach „Wiedervorlage" und schreiben auf eine Karteikarte die Daten für diesen Vorgang und stecken sie hinter den jeweiligen Monat im Karteikasten.

Am Ende jedes Monats schauen Sie nach, welche Vorgänge im folgenden Monat bearbeitet werden müssen und vergessen auf diese Weise nichts. Wenn der Monat startet können Sie alle Vorgänge in den Pultordner, die Hängemappen oder die Karteiregister (01-31) einsortieren, damit Ihnen am jeweiligen Tag genau das begegnet, was erledigt werden muss. Dazu gehören z.b.:

- Theater- oder Konzertkarten

- Einladungen mit Anfahrtsbeschreibungen

- ausgefüllte Formulare, die Sie zu Terminen bei Ämtern, Versicherungen und anderen Institutionen mitnehmen müssen

- Passfotos und Bescheinigungen, die Sie zum termingerechten Kauf von Monats- oder Saisonkarten zur Hand haben müssen: Schwimmbad, Fitness-Studio, öffentliche Verkehrsmittel, usw.

- Flugscheine, Fahrkarten und andere Unterlagen für den Starttag des Urlaubs

- Briefe, die an bestimmten Tagen abgesendet werden müssen

- ausgefüllte Zahlungsbelege, die Sie an bestimmten Tagen zur Bank bringen möchten (wenn Sie kein Online-Banking haben)

- Der Einkaufszettel für den Großeinkauf am nächsten Samstag

- Die Ideen- und Materialsammlung für die nächste Sitzung einer Gemeinde, eines Vereins oder Clubs, dem Sie angehören

Man muss dazu allerdings jeden Tag in den Pultordner, die Hängeregistratur oder den Karteikasten schauen, sonst wird es nicht wirklich helfen. Und diese Hilfsmittel ersetzen auch den Terminkalender nicht, sondern stellen Ihnen nur zur Verfügung, was zu jedem eingetragenen Termin benötigt wird.

Um die Unterlagen zum jeweiligen Termin nicht zu vergessen, können Sie sich bei dem jeweiligen Termin im Terminkalender ein Kürzel oder Zeichen machen.

Und noch ein Tipp: Damit die einzelnen Vorgänge in Pultordner oder Hängeregistratur nicht durcheinander geraten, sollte jeder Vorgang gebündelt sein, z.B. in einer Klarsichthülle, die seitlich offen ist (schneller Zugriff möglich). So bleibt alles geordnet, auch wenn mehrere Vorgänge unter einem Tag oder Buchstaben abgelegt sind.

Nun gibt es allerdings auch Vorgänge, die zwar noch nicht abgeschlossen, die aber auch nicht wirklich terminierbar sind. All diese Vorgänge können entweder im Ablagefach „Warte auf" abgelegt werden, das allerdings eine begrenzte Kapazität hat, oder sie können in einem Pultordner von A bis Z abgelegt werden.

A wie Autoversicherung: Abwicklung eines Unfalls
B wie Antrag auf BAföG
H wie Haushaltsplan
K wie Antrag auf Kindergeld
U wie Urlaubs-Checkliste

Damit der schnelle und Zeit sparende Alltagsnutzen erhalten bleibt, sollten sich in diesem Pultorder keine Unterlagen befinden, die weniger als zwei Mal jährlich gebraucht werden, wie z.B. langfristige Dokumente, Verträge und Abonnements oder Zeitschriften, Zeitungsausschnitte und andere Sammlungen. Dafür gibt es eine andere Ablagevariante, die ich Ihnen jetzt vorstellen möchte:

Werner „Tiki" Küstenmacher hat einmal eine Lebensweisheit illustriert, die besagt: *„Das Leben ist zu kurz, um es mit Suchen zu verbringen!"*. Das ist meine Motivation, die hinter Organisation im Büro steht, wenn es darum geht, Dokumente richtig zu archivieren. Ich möchte mich auf die Ausarbeitung und Bearbeitung des jeweiligen Vorgangs konzentrieren und möglichst wenig Zeit mit der Recherche verbringen.

Ein Mann namens David Allen hat dazu ein Buch geschrieben, mit dem Titel: „Wie ich die Dinge geregelt kriege". Von diesem Buch habe ich mich inspirieren lassen und bin in ein einfaches System eingestiegen, das jeder umsetzen kann, der das ABC einigermaßen zu beherrschen weiß. Dieses System besteht zunächst aus Ordnern (DIN A4), die mit den Buchstaben „A" bis „Z" gekennzeichnet sind. Das gilt auch dann, wenn verschiedene Systeme gemischt werden, also z.B. eine Hängeregistratur mit einem System aus Ordnern (DIN A 4) gemischt wird.

Sowohl die Hängemappen als auch die Ordner können Sie mit „A" bis „Z" kennzeichnen. In diesem System können Sie dann Ihre Einladungen, Protokolle, Bibelarbeiten, Predigten, Strategiepapiere, Arbeitsmaterialien, Zeitschriftenartikel, Korrespondenz etc. ganz einfach archivieren.

Wenn Sie dazu auch noch die Ordner-Struktur im Daten-Explorer Ihres Computers auf „A bis Z" einstellen, wird das System übersichtlicher und einheitlich. Erhalten Sie zu bestimmten Themen PDF-Dateien oder E-Books, können Sie diese einfach unter den jeweiligen Buchstaben des Stichwortes verschieben, welches das Dokument hat. Wenn einmal ein Stichwort nicht so gut passt ist das kein Problem, denn die Desktop-Suche des Computers sollte es möglich machen, jedes Dokument an jeder Stelle wieder zu finden.

Der Vorteil von „A bis Z" ist auf jeden Fall, dass alles einsortierbar ist. Und wenn Sie etwas suchen, kann es eigentlich nur an ein, zwei oder drei verschiedenen Stellen sein, je nachdem unter welchem Stichwort Sie es ursprünglich abgelegt haben.

Die Übersicht über alle Unterlagen in den Ordnern oder der Hängeregistratur können Sie behalten, indem Sie dazu ein Textdokument auf Ihrem Computer verwenden. In dieses Dokument schreiben Sie an den Anfang eine Legende, in der Sie die Abkürzungen und deren Erklärung notieren, die Sie in diesem Dokument verwenden[48].

- ❯ HWZ-Dokumente
  - ❯ AA
  - ❯ BB
  - ❯ CC
  - ❯ DD
  - ❯ EE
  - ❯ FF
  - ❯ GG
  - ❯ HH
  - ❯ II
  - ❯ JJ
  - ❯ KK
  - ❯ LL
  - ❯ MM
  - ❯ NN
  - ❯ OO
  - ❯ PP
  - ❯ RR
  - ❯ SCH
  - ❯ SS
  - ❯ ST
  - ❯ TT
  - ❯ UU
  - ❯ VV
  - ❯ WW
  - ❯ ZZ

Unter der Legende befinden sich die Buchstaben „A" bis „Z". Nun können Sie jedes Dokument, das Sie in Ordner oder Hängeregistratur ablegen, in das Textdokument eintragen. Einen Artikel über Gemeindeaufbau z.B. werden Sie unter „G" einsortieren und unter „G" im Textdokument eintragen. Dazu schreiben Sie im Textdokument noch die Abkürzung für den Ort, an dem sich der Artikel befindet. Wenn er z.B. in der Hängeregistratur zu finden ist, bekommt er als Kürzel ein „HR" hin-

---

[48] Wenn Sie zum Beispiel verschiedene Systeme, wie Ordner und Hängeregistratur verwenden, sollten Sie z.B. „O" für Ordner hinter jedes Dokument schreiben und „HR" für Hängeregistratur. Machen Sie es sich so einfach wie möglich, Dokumente und Informationen wieder zu finden.

ten angestellt. Wenn Sie später ein Dokument suchen, brauchen Sie in der Suchfunktion Ihrer Textverarbeitung nur das Stichwort einzugeben, und schon wird es gefunden. Sie können damit schnell und direkt auf die jeweilige Stelle zugreifen, egal wo sich das Dokument befindet.

Auf diese Weise fällt die Recherche von Unterlagen sehr leicht und Sie verlieren keine unnötige Zeit mit Suchen. Nach meiner Meinung ermöglicht Ihnen dieses einfache System mehr zeitliche Ressourcen, um sich auf die eigentliche Ausarbeitung der Thematik zu konzentrieren, mit der Sie sich gerade auseinandersetzen.

Vormerkkalender
Ein Vormerkkalender ist im Grunde eine Aufgabenliste für alle wiederkehrenden Aufgaben im Laufe eines Jahres. Solch eine Liste benötigen Sie nur, wenn Sie kein Smartphone oder Tablet verwenden, bzw. dann, wenn es auf diesen Geräten keine entsprechende App gibt, die diese Aufgabe übernehmen kann.

Ich habe dazu auf meinem Computer eine Excel-Tabelle angelegt, mit einem Tabellenblatt für jeden Monat und eines für die Folgejahre.

Dabei funktioniert dieser Vormerkkalender so: Wenn Sie z.B. jedes Jahr im Oktober an Ihre Grippeschutzimpfung erinnert werden möchten, müssen Sie diese Aufgabe in den Vormerkkalender eintragen. Und zwar in das Tabellenblatt für Oktober. Oder wenn Sie jedes Jahr im Januar den steuerlichen Jahresabschluss für die Gemeinde oder Ihr Unternehmen erstellen müssen, wird dies in den Vormerkkalender im Monat Januar eingetragen. In diesen Vormerkkalender können Sie einmalige oder wiederkehrende Dinge eintragen, die im Laufe eines bestimmten Monats im Jahr stattfinden oder erledigt werden sollen. Das gilt auch für Projektplanungen oder Beschlüsse im Rahmen Ihrer Gemeindearbeit.

Wenn dann der jeweilige Monat kommt, können Sie im Vormerkkalender nachschauen, was auf jeden Fall getan werden muss und können diese Dinge in Ihre Wochen- bzw. Tagesplanung integrieren. Auf diese Weise wird durch Vormerkkalender und Wiedervorlage verhindert, dass Dinge vergessen werden, die zu erledigen sind.

In meiner Excel-Tabelle gibt es dazu noch das Tabellenblatt „Folgejahre". In dieses Tabellenblatt können Sie alle Aufgaben eintragen, die über das aktuelle Jahr hinausgehen. Wenn Sie z.B. nicht vergessen möchten, dass Ihr Personalausweis im Mai des Jahres 2021 verlängert werden muss, können Sie diese Aufgabe in das Tabellenblatt „Folgejahre" eintragen.

Wenn im jeweiligen Monat eine Aufgabe erledigt ist, muss diese mit einem Kreuzchen, einem Haken oder einfach einem „erledigt" in der entsprechenden Spalte versehen werden. Das kann auch zur persönlichen Motivation dienen. Nichts motiviert einen Menschen mehr, als wenn er etwas erledigt hat.

Schreibtisch

Wir kommen zum letzten Baustein meiner Auswahl: Ordnung am, im und rund um den Schreibtisch. Vielleicht haben Sie schon mal davon geträumt, ein sogenannter „Leertischler" zu sein. Also ein Mensch, dessen Schreibtisch immer dann leer ist, wenn man zu ihm ins Büro kommt. Das nebenstehende Bild zeigt solch einen Schreibtisch. Der ist nicht extra aufgeräumt, sondern befindet sich im „Arbeitszustand". Dabei ist die Vorgabe, dass sich in der Regel nur ein Vorgang auf dem Schreibtisch befinden darf.

Natürlich bekommen Sie den Schreibtisch nie völlig leer. Das ist auch nicht der Sinn der Sache. Dennoch gibt es gewisse Dinge, die Ihnen helfen können, stets einen aufgeräumten Schreibtisch zu haben.

Und das beginnt mit einer weiteren Vorgabe: Halten Sie Ihre Arbeitsfläche frei. Auf einem Schreibtisch ist das zuerst einmal die Fläche direkt vor Ihnen (ca. 70x50 cm groß). Dazu kommt der Bereich, der vom Schreibtischstuhl aus mit ausgestreckten Armen erreicht werden kann. Alles, was in diesem Bereich liegt, nennt man Arbeitsfläche, weil dies die optimale Arbeitsumgebung ist. Auf der Arbeitsfläche dürfen sich nur die Dinge befinden, die dort bald wieder wegkommen, weil sie erledigt werden. Das bedeutet: Was länger als zwei Tage auf der Arbeitsfläche liegt, muss unbedingt bearbeitet werden, sonst besteht die Gefahr, dass es dort liegen bleibt. Ausgenommen davon sind Dinge, die Sie für die normale Arbeit in mittlerer Zugriffsnähe haben müssen. Dies sind z.b.:

- Arbeitsmittel (Schere, Klebeband, Locher, Taschenrechner etc.)
- Notizpapier und Schreiber
- Utensilien, die Sie für die persönliche Ablage am Schreibtisch benötigen (Hängemappen, Ablagekästen etc.)
- Nachschlagewerke, die oft benutzt werden (Bibel, Duden etc.)

Neben der Arbeitsfläche, sogenannte „1-A-Fläche", gibt es auch noch die „1-B-Flächen". Das sind die Flächen, die unmittelbar um die Arbeitsfläche herum erreichbar sind, wie z.b. der angedockte Schreibtisch um die Ecke, das Regal neben dem Schreibtisch oder hinter dem Schreibtischstuhl, usw. Also Flächen, die schnell und unmittelbar zu erreichen sind, aber nicht zur „1-A-Fläche" gehören. Diese Flächen sind dazu da, um z.b. für die Ablage, den Karteikasten für die Wiedervorlage und Ordner genutzt zu werden, weil Sie auf diese einen schnellen und vor allem ständigen Zugriff haben müssen. Aber auch Maschinen wie Scanner, Drucker oder Faxgerät können auf dieser „1-B-Fläche" stehen, wenn diese regelmäßig gebraucht werden, bzw. schneller Zugriff darauf möglich sein muss.

Grundsätzlich gibt es keine festen Vorgaben für die Nutzung dieser Flächen. Wichtig ist nur, dass sie sinnvoll genutzt werden und nicht als Ablagefläche für alles Mögliche verwendet werden. Wenn Sie diese Flächen sinnvoll nutzen möchten, können Sie damit beginnen, indem Sie die „Sofort-Übung" durchführen, die im Folgenden beschrieben wird:

- Setzen Sie sich an Ihren Arbeitsplatz. Deuten Sie auf die unentbehrlichen Gegenstände Ihres Schreibtisches bzw. Arbeitsplatzes: Telefon, Computer, wichtige Arbeitsmittel, usw.
- Legen Sie Ihre Handflächen auf die Arbeitsfläche Ihres Arbeitsplatzes und ziehen Sie einen virtuellen Kreis.
- Falls erforderlich, räumen Sie diese Flächen frei. Sofort!
- Schaffen Sie danach Ablagemöglichkeiten rund um die Arbeitsfläche. Nutzen Sie diese neuen Plätze für alles, was Sie nicht im Bereich einer Armlänge benötigen.
- Räumen Sie jeden Abend die Arbeitsfläche wieder frei, damit Platz ist für alle Vorgänge des nächsten Tages.

Umgang mit Informationen

Organisations-Abläufe

Nun schauen wir uns an, wie die Rädchen ineinander greifen können, wenn Sie sich daran machen, die Dinge zu ordnen, die Ihnen täglich in Ihr Ablagefach „Eingang" gelegt werden. Dies sollte mindestens einmal in der Woche geschehen. Dazu planen Sie am besten ein bis zwei Stunden Zeit ein.

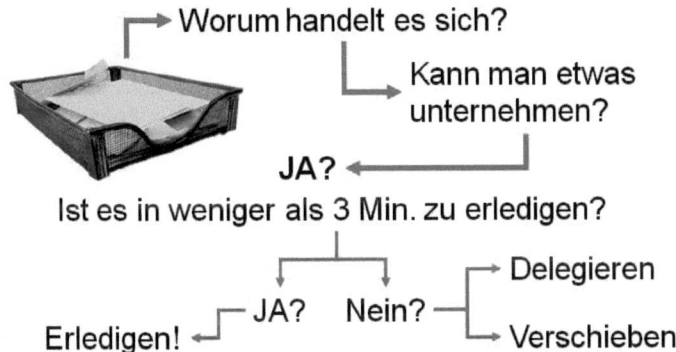

Wenn Sie die Inhalte ihres Eingangsfachs bearbeiten, stellen Sie sich bei jedem Dokument oder Vorgang die Frage: Worum handelt es sich? Danach folgt die Frage: Kann oder muss ich etwas unternehmen? Wenn Sie diese Frage mit „JA" beantworten können, muss die nächste Frage lauten: Ist es in weniger als zwei bis drei Minuten zu erledigen?

Können Sie auch diese Frage mit „JA" beantworten, erledigen Sie es bitte sofort. Reichen für die Erledigung allerdings zwei bis drei Minuten nicht aus, müssen Sie diese Sache entweder delegieren oder Sie müssen es verschieben. Das bedeutet, Sie müssen einen Termin für die Erledigung festlegen, der in den Terminkalender eingetragen werden muss, oder Sie beschließen einen nächsten Schritt in dieser Sache, der wiederum notiert werden muss. Dieser nächste Schritt wandert dann entweder in die Wiedervorlage oder auf die „To-do-Liste", die Einkaufsliste oder eine Projektliste.

Die Frage, „Kann man etwas unternehmen?" können Sie allerdings auch mit NEIN beantworten. In diesem Falle hätten Sie drei Möglichkeiten der Bearbeitung:

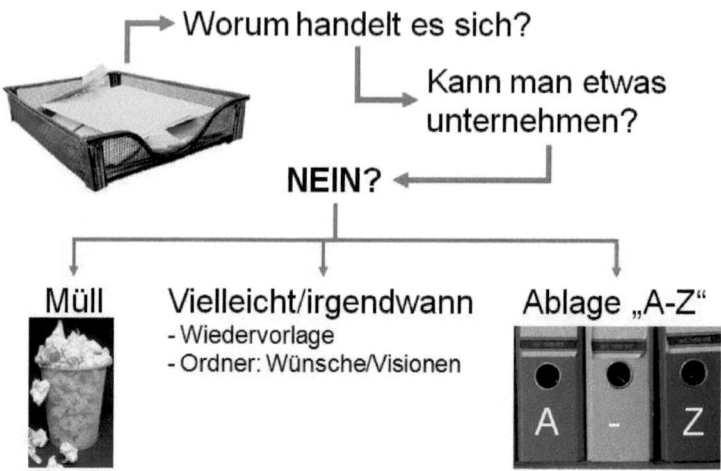

Worum handelt es sich?

Kann man etwas unternehmen?

NEIN?

Müll | Vielleicht/irgendwann | Ablage „A-Z"
- Wiedervorlage
- Ordner: Wünsche/Visionen

1. Sie werfen es in den Müll, was in vielen Fällen eine gute Entscheidung ist.

2. Sie legen es in der Ablage ein paar Etagen tiefer. Entweder in das Fach mit dem Titel „Zur Kenntnis", aber dann muss es auch wirklich so interessant sein, dass Sie es irgendwann einmal lesen werden, oder Sie legen es in das Fach mit dem Titel „Wiedervorlage".

3. Sie legen es ab in das Archiv. Hierzu bietet sich das Ordnungssystem „A bis Z" an. Darin können Sie alles ablegen, was verhindert, dass irgendwelche Dinge nicht abgelegt werden, weil Sie nicht wissen, wohin.

Ziel dieser Arbeit mit dem Eingangskorb ist, dass alle „offenen Enden" Ihres Lebens irgendwo angebunden sind: In der Wiedervorlage, im Terminkalender oder auf Listen, die so abgelegt werden müssen, dass sie Ihnen immer wieder automatisch begegnen. Der Kopf bzw. das Unterbewusstsein sollte sich mit diesen Dingen nicht dauernd beschäftigen müssen.

Dabei ist mir natürlich klar, dass es für die Ablage kein Patentrezept gibt, weil jeder Mensch anders angelegt ist. Aber vielleicht ist es ja möglich, dass Sie durch diese Tipps eine individuelle Lösung finden, die Ihrer Persönlichkeit entspricht.

Lektürestapel abbauen[49]

Bevor wir abschließend zum E-Mail-Management kommen noch ein Tipp, falls sich auf Ihrem Schreibtisch langsam aber sicher ein Stapel mit Zeitschriften und anderer Lektüre ansammelt. Folgende Methode wäre hier evtl. hilfreich:

Fester Zeitraum zur Sichtung
Zur Sichtung der Lektüre sollten Sie sich einen festen Zeitraum einplanen, z.B. fünf Minuten täglich, nach der Postbearbeitung. Es ist am einfachsten, eine neue Routine einzuführen, wenn Sie diese an eine bereits vorhandene anhängen.

Lektüre bearbeiten
In diesen fünf Minuten werden alle Magazine, Zeitungen, Zeitschriften, Prospekte etc. durchgesehen, die an diesem Tag auf Ihrem Schreibtisch gelandet sind. Und zwar mit einer Schere oder einem Teppichmesser, damit Sie den Lesestoff ausschneiden können, der Sie interessiert. Wenn Sie dies nicht können oder dürfen, dann die interessanten Artikel mit einem Stapel Post-its markieren und anschließend kopieren. Ganz wichtig dabei: Beim Durchsehen wird nichts gelesen, sondern der Lesestoff wird nur ausgewählt.

Lektüremappe
Alle Artikel, die ausgeschnittenen oder fotokopiert sind, kommen in eine Lektüremappe. Das kann z.B. ein Eckspanner aus Pappe sein oder ein kleiner Schnellhefter. Diese Lektüremappe sollten Sie immer bei sich haben. Es gibt immer wieder Pausen, oder ungeplante Wartezeiten oder Ähnliches. Und Sie werden feststellen: Es ist viel leichter, mit einem dünnen Stapel ausgewählter Artikel fertig zu werden als mit einem Berg ungesichteter Lektüre.

Lese-Verfallsdatum
Dann noch etwas zum Verfallsdatum von Lektüre: Jeder Joghurt hat ein Verfallsdatum, meist 30 Tage nach der Herstellung. Das schützt einen davor, sich den Magen zu verderben. Wenn Sie Ihre Lektüre nach dem Prinzip „Verfallsdatum" durchsehen, könn-

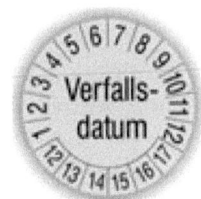

---

[49] Autor: Hans-Ulrich Meißner Aus: Einfach organisiert und motiviert - orgenda.de - 21.06.2012.

te das vielleicht helfen, Ihre Ablage übersichtlich zu halten. Wenn eine Zeitung oder ein Magazin älter als 30 Tage ist, werfen Sie es einfach weg. In der Regel haben sich in diesem Zeitraum die Fakten in Politik und Gesellschaft so sehr verändert, dass das Lesen eigentlich nicht mehr lohnt - vor allem wenn inzwischen neuer Lesestoff eingetroffen ist.

E-Mail-Management

Nun kommen wir zu dem, was Sie täglich be-schäftigt, sofern Sie einen Computer haben, ein E-Mail-Programm und einen Internetzugang.

Kaum haben Sie eine E-Mail verschickt, kommt auch schon die Antwort. Und mit ihr noch ein paar andere E-Mails, die durchaus dazu geeignet sind, Ihre Zeit in Anspruch zu nehmen. Von SPAM-Mails möchte ich hier gar nicht reden. Beim Umgang mit der Thematik E-Mail geht es mir primär nicht um die Nachteile. Dazu ist diese Art der Kommunikation viel zu genial. Sie ist leicht zu bedienen, bietet vielfältige Möglichkeiten und hilft Zeit und Geld zu sparen. Schon das allein ist es wert, sich damit auseinander zu setzen. Und dazu habe ich drei kurze Tipps für ein effektives E-Mail-Management!

Tipp 1: Posteingang frei halten!
Bei vielen Menschen sammeln sich oft Hunderte von Nachrichten im Posteingang oder auch „Inbox" genannt. Gut, dass die meisten E-Mail-Programme die Möglichkeit bieten, zusätzliche Ordner anzulegen, in die Sie Ihre E-Mails verschieben können. Aber auch das sollte nicht wahllos geschehen, wenn es eine Hilfe sein soll. Ich halte es für eine gute Lö-sung, verschiedene Unterordner in der Ordnerstruktur des Mailpro-gramms anzulegen, um die eingehenden Nachrichten systematisch in diese Unterordner verschieben zu können.

Für mich sind dabei drei Ordner sehr wichtig. Einmal natürlich der **Posteingang/Inbox**. Und dann ein Ordner, den nenne ich immer **„War-te auf Antwort"**. Davor setze ich noch drei Mal den Buchstaben „A" oder ein „@", damit dieser Ordner in der Struktur immer ganz oben ste-hen bleibt. So ist er leichter zu erreichen. Alle E-Mails, die Sie weg schi-cken und bei denen Sie auf Antwort warten, kommen nach der Versendung direkt in diesen Ordner. So geht Ihnen keine Antwort verloren, auch nach Monaten oder Jahren nicht, denn jede E-Mail bleibt so lange in diesem Ordner, bis sie beantwortet ist.

Alle Mails, die noch ungelesen sind, bleiben im Posteingang/Inbox. Alle E-Mails, die nicht beantwortet, aber irgendwann weiter bearbeitet werden müssen, fallen in den dritten Ordner: **Wiedervorlage**. Auch bei diesem Ordner steht drei Mal der Buchstabe „A" davor, damit er in der Ordnerliste ganz oben bleibt. Diesen Ordner sollten Sie in die Wochenplanung mit aufnehmen, damit er einmal pro Woche durchgesehen wird.

Noch etwas zu diesen Tipps. Es gibt auch den Papierkorb. Sie müssen nicht alles gelesen haben, was in Ihre Inbox kommt. Der Papierkorb ist auch hier ein guter Helfer. Wenn Sie schon an der E-Mail-Adresse oder der Betreff-Zeile erkennen, dass Sie die E-Mail nicht lesen müssen, löschen Sie diese, das hilft.

Alle weiteren Unterordner sollten Sie so benennen, dass Sie die E-Mails wieder finden, wenn Sie nach etwas suchen müssen. Wobei heutige E-Mail-Programme sehr gute Suchfunktionen haben, sodass Sie auch verloren geglaubte E-Mails wieder finden können.

Tipp 2: Bitte die Netiquette beachten
Auch für das Medium E-Mail gibt es bestimmte Regeln, die den Austausch reibungsloser machen. Diese Regeln heißen „Netiquette" und dazu gehört u.a.:

(1) Nie ungefragt einen Dateianhang an eine E-Mail anhängen, der größer als 2 MB ist, auch in Zeiten, in denen viele schon DSL und Flatrate haben. Große Anhänge also bitte nur versenden, wenn Sie sich sicher sind, dass der Gegenüber diese auch empfangen kann.

(2) Bitte die E-Mails von anderen Menschen nicht ungefragt an Dritte weiterleiten. Das gilt als sehr unhöflich gegenüber dem ursprünglichen Verfasser und kann zu Misstrauen führen.

(3) „Blindcopy" ist eine Möglichkeit, einem Dritten eine Nachricht unbemerkt zukommen zu lassen. Was Sie jedoch einem anderen nicht von Angesicht zu Angesicht sagen können, sollte auch kein Dritter erfahren. Aber auch hier gibt es begründete Aus-

nahmen. Sie müssen also von Fall zu Fall entscheiden, ob Sie es tun können oder nicht.

(4) Wenn Sie auf eine E-Mail antworten, sorgen Sie bitte dafür, dass die Originalnachricht so zitiert wird, dass die Zitate lesbar formatiert sind. Antworten auf Zitate können auch direkt in den zitierten Text eingefügt werden.

Tipp 3: Mache es dem Empfänger so einfach wie möglich
Wenn Sie jemanden eine E-Mail schreiben, haben Sie ein Anliegen. Je einfacher Sie es dem Empfänger machen, Ihre E-Mail zu lesen, desto einfacher kann dieser Ihr Anliegen erfüllen. Wie können Sie es dem Empfänger einfacher machen?

(1) Schreiben Sie aussagekräftige Betreffzeilen, die den Inhalt der Nachricht gut beschreiben. So weiß der Empfänger sofort, worum es geht. Und Sie selbst können im Ordner „Warte auf Antwort" auf einen Blick erkennen, auf was Sie noch warten.

(2) Schreiben Sie so kurz und prägnant wie möglich. Gehen Sie einfach davon aus, dass der Empfänger wahrscheinlich wenig Zeit hat, sich mit Ihrem Anliegen auseinander zu setzen.

(3) Verzichten Sie bei aller Kürze aber nicht auf ein Minimum an Höflichkeit. Eine freundliche Anrede und eine nette Grußformel sorgen für einen angenehmen Austausch und sollten deshalb bei keiner E-Mail fehlen.

(4) Überlegen Sie sich, welche Informationen und welchen Kenntnisstand der Empfänger braucht, um zu verstehen, was Sie meinen. Versetzen Sie sich kurz in den Empfänger Ihrer Zeilen und überlegen sich: Wird aus meiner E-Mail wirklich klar, worum es mir geht?

(5) Seien Sie sich immer bewusst, dass am anderen Ende ein Mensch sitzt und keine Maschine. Schreiben Sie deshalb nichts, was Sie diesem Menschen nicht auch von Angesicht zu Angesicht sagen könnten.

Kleine Werkzeugkunde

„Ein Ziel ohne einen Termin ist nur ein Traum."[50]

„Das Planen eines Emsigen bringt Überfluss; wer aber allzu rasch handelt, dem wird's mangeln." (Sprüche 21,5)

Ein Indianer kam einst mit zwei Zeigern seiner Uhr zu einem Uhrmacher und bat ihn: „Bring mir diese beiden Zeiger in Ordnung, sie geben schon seit einem halben Jahr die Zeit nicht mehr richtig an." „Aber wo hast du denn deine Uhr?" „Daheim, in meiner Hütte", gab der Indianer zur Antwort. „Ja, aber wenn du mir deine Uhr nicht bringst, kann ich sie nicht wieder in Gang bringen", sagte der Uhrmacher. „Aber ich habe dir doch gesagt, dass an der Uhr nichts zu reparieren ist, sondern nur an den Zeigern, und die habe ich mitgebracht. Du willst die Uhr nur haben, um mir eine große Rechnung schreiben zu können!" Daraufhin ging der Indianer zornig wieder nach Hause!

Wenn ich diese Geschichte höre, muss ich automatisch schmunzeln. Wie töricht ist doch dieser Indianer, nicht? Denkt, er könnte sich von einem Uhrmacher nur die Zeiger reparieren lassen, wo es doch eigentlich um die ganze Uhr geht.

Wir wechseln das Bild und versuchen dabei das Verhalten des Indianers im Hinterkopf zu behalten. In dem Bild kommt ein Mensch zu einem Spezialisten für Zeit- und Lebensplanung und sagt zu ihm: „Ich habe hier meine Termine, doch irgendetwas stimmt mit ihnen nicht. Bringe sie doch bitte für mich wieder in Ordnung!" „Ja, wo hast du denn dein Zeitplansystem?", fragt darauf der Experte. „Ein Zeitplansystem? Wozu das denn?! Das ist doch gar nicht mein Problem! Ich hatte dich doch nur gebeten, meine Termine in Ordnung bringen. Sicher willst mir nur ein Zeitplansystem verkaufen, weil du im Grunde nur auf Profit aus bist, oder?!"

Ein unrealistisches Beispiel? Ich denke nicht, denn ich bekomme bei Gesprächen über Zeit- und Lebensplanung immer wieder einmal zu

---

[50] Milton Hyland Erickson. Amerikanischer Psychiater und Psychotherapeut (1901-1980).

hören, dass man für eine gute Zeitplanung kein solches Zeitplansystem benötigen würde. Und dabei zeigen sie dann auf mein Zeitplan-Buch und mein Tablet, und haben mit ihrer Aussage zunächst einmal Recht. Natürlich benötigt keiner ein Zeitplanbuch oder ein elektronisches Medium zur Planung seiner Zeit. Aber was ziehen manche Menschen für Schlüsse daraus? Z.B. den Schluss, dass ihnen einzig und allein der kleine Taschenkalender oder ein zweiseitiger Jahresplaner ausreicht, um ihr Leben zu planen.

Es ist sicher so, dass sie damit keine Termine vergessen, sofern Sie alle Termine eintragen und regelmäßig auf die Terminliste schauen. Und darum ist es auch völlig in Ordnung, für die Terminverwaltung nur einen kleinen Kalender zu haben. Doch was geschieht mit den Dingen, die zu Ihren Terminen gehören? Zu einem Termin beim Zahnarzt gehen Sie einfach hin. Der Arzt ist professionell genug, um Ihre Zahnreihen auch ohne Ihre Mithilfe wieder in Ordnung zu bringen. Doch bei einem Einkaufstermin wird es schon schwieriger, solange die Einkaufsliste noch nicht fertig ist. Und bei einem Besuchstermin sieht es wieder anders aus, weil Sie evtl. an ein Gastgeschenk denken müssen, das rechtzeitig besorgt sein will.

Bei Geschäftsleuten ist fast zu jedem Termin eine Vorbereitung nötig. Ob dies ein Mitarbeitergespräch ist, die Präsentation eines Produktes, die nächste Sitzung im Team oder der Besuch bei einem Kunden. Von den privaten Terminen einmal ganz abgesehen, wie z.B. der kommende Familienausflug, die Einschulung der Kinder, usw.

Dazu kommt noch, dass es nicht nur um den Umgang mit Terminen geht, sondern dass wir in diesem Buch von Lebensplanung sprechen, bei der es um Visionen, Ziele, Strategien und Termine geht. Da reichen einfache Mittel nicht mehr aus. Wobei ich gleich dazu sagen möchte, dass es auch nicht unbedingt ein System in edlem Leder und eingeprägtem Namen sein muss, denn diese Systeme kosten richtig Geld.

In diesem Zusammenhang richte ich mich gerne nach dem Grundsatz des ehemaligen britischen Premierministers Winston S. Churchill, der einmal sagte: *„Perfektion ist Lähmung!"* Deshalb geht es nicht um das perfekte System, womöglich noch mit einer Marke versehen, sondern um ein System, das es Ihnen ermöglicht, Ihre Zeit und Ihr Leben in dieser Zeit so zu planen, dass es Ihnen auch noch Spaß macht.

Ich versuche deshalb, diese Thematik so neutral wie möglich zu bearbeiten, sodass Sie im Anschluss daran selbst entscheiden können, welches System für Sie in Frage kommen könnte. Dazu beleuchte ich das Thema von zwei Seiten her, indem ich mich von den Fragen leiten lasse: „Muss es ein elektronisches System sein? Oder kann es ein Papier-System sein? Oder sogar beides?"

Diese Fragen implizieren natürlich auch eine Art Wettbewerb zwischen den beiden System-Arten. Aber dem ist nicht so, denn wer hier einen Wettbewerb anzettelt, versucht Äpfel mit Birnen zu vergleichen. Und dabei würde nichts herauskommen, denn jedes dieser beiden Systeme hat seine Stärken, sonst müsste man sich ja nicht entscheiden. Welche Stärken ich in den jeweiligen Systemen sehe, können Sie der folgenden Tabelle entnehmen:

Stärken Elektronik	Stärken Papier
Nahezu unbegrenzte Kapazität bei minimalen Abmessungen, große Anwendungsvielfalt	Ausfallsicher, immer funktionsbereit
Verknüpfung zwischen den Daten, automatische Aktualisierung bei Änderungen	Intuitiv, leicht an eigene Bedürfnisse anpassbar
Leichte Änderungen und Wiederholungen über Automatik	Überall Markierungen, Farben und Skizzen möglich, spricht beide Gehirnhälften an
Verschiedene Ansichten, Sortierungen und Filter über dieselben Daten verfügbar, Volltextsuche möglich	Lautlos, erfordert geringe Konzentration
Gruppenzusammenarbeit und Datenaustausch	Sehr gute Übersicht
Datensicherung und Verschlüsselung bei geringem Aufwand möglich	Emotionale Bindung, wirkt seriöser, allgemein hohe Akzeptanz

Ich persönlich versuche die Vorteile beider Systeme für mich zu nutzen. Aber das muss jeder für sich selbst entscheiden. Vielleicht hilft es Ihnen, wenn ich ein wenig von meiner Art berichte, diese beiden Systeme zu nutzen. Zurzeit benutze ich ein Tablet und dazu noch als Papiermedium, ein DIN-A6-Ringbuch, für meine wöchentliche Planung, Infoseiten, meine Papiere und mein Super-Buch.

Das Elektronik-System

Bei den Nutzungsmöglichkeiten eines elektronischen Gerätes ist es zunächst einmal völlig unerheblich, ob es ein Smartphone ist, oder ein Tablet oder Computer. Was für ein Gerät jeder einzelne verwendet, ist meiner Meinung nach Geschmacksache. Für die Zeit- und Lebensplanung kann man diese Geräte mindestens als Zeit- und Aufgabenplaner verwenden.

Normalerweise sieht die Wochenübersicht eines elektronischen Kalenders so ähnlich aus wie auf dem Bild. Wenn Termine eingetragen sind, bekommt man diese zu sehen. Entweder mit Uhrzeit, oder wenn sie sich über mehrere Tage ziehen, dann auch ohne.

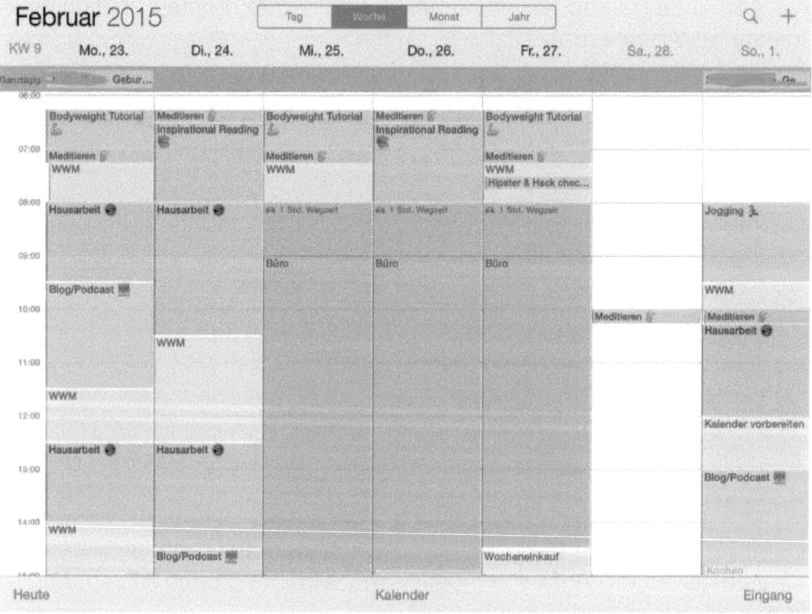

Wenn die App zur Terminverwaltung auf dem Smartphone gut ist, bekommen Sie auch die Geburtstage der Personen zu sehen, die Sie in Ihre Kontaktliste eingetragen haben. Kontakte mit Adressen, Telefonnummern etc. werden natürlich auch elektronisch verwaltet. Und wenn die App richtig gut ist, bekommen Sie auch noch die Aufgaben zu sehen, die für die Woche, bzw. für den jeweiligen Tag anstehen. Sofern Sie diese elektronisch verwalten. Im besten Fall sind die Aufgaben so lange in der Ansicht zu sehen, bis sie erledigt wurden. Der Vorteil dabei ist, dass sich dadurch das Übertragen auf den nächsten Tag erübrigt.

Verwaltet werden diese Aufgaben normalerweise in einer Übersicht für Aufgaben oder sogenannten „To-do's", ähnlich wie auf nebenstehendem Bild zu sehen ist. In solch einer Übersicht können Sie den Aufgaben meist auch Kategorien zuweisen, wie z.B. Gemeinde, Geschäftlich, Privat, etc. Wenn es gut läuft, können Sie diesen Kategorien einzelne Farben zuweisen, sodass sowohl bei einem Termin als auch bei einer Aufgabe sofort sichtbar wird, welchem Bereich Ihres Lebens es zuzuordnen ist.

In Bezug auf die Lebensplanung ist bei den Aufgaben noch wichtig, dass jeder Termin, der eine Vorbereitung benötigt, auch eine Aufgabe zugeordnet bekommen muss. Denn wenn der Termin auf dem Display erscheint, ist es meist zu spät für eine seriöse Vorbereitung. Das heißt, Sie müssen eine Vorlaufzeit oder Vorbereitungszeit schätzen und dann die Aufgabe ein paar Tage vorher oder eine Woche vorher terminieren. Wer es so macht, erlebt sehr selten böse Überraschungen.

Ein Beispiel: Sie müssen eine Sitzung Ihres Projektteams vorbereiten. Den Termin für die Aufgabe sollten Sie ca. drei Wochen vorher ansetzen, denn Sie wissen, dass Sie sich zur Vorbereitung der Sitzung evtl. noch mit Entscheidungsträgern bezüglich möglicher Tagesordnungspunkte treffen müssen. Danach muss noch die Einladung zur Sitzung erstellt und verteilt werden. Wenn Sie möchten, dass sich Ihr Projektteam gut auf die Sitzung vorbereiten kann, sollte jeder Teilnehmer die Einladung ca. 14 Tage vorher in Händen halten.

Natürlich können Sie Ihr elektronisches Gerät auch als Mediaplayer, Internet-Browser, Dokument-Manager, Mailprogramm usw. nutzen. Aber für die Zeit- und Lebensplanung können Sie nach meiner Einschätzung aus dem kleinen Gerät nicht viel mehr herausholen.

Doch die Organisation von Terminen, Kontakten und Aufgaben ist wirklich sehr gut möglich, sodass Sie keine zusätzliche Zeit benötigen, um sich für zusätzliche Funktionen des Gerätes fit zu machen. Bei mir läuft die Arbeit mit dem Elektronik-System unter dem Begriff „Zeitplanung". Das bedeutet, dass meine Termine, Aufgaben und Kontakte elektronisch verwaltet werden.

Etwas anders sieht es für mich aus, wenn ich mich mit dem Bereich „Lebensplanung" auseinander setze. An dieser Stelle komme ich persönlich am Papier-System nicht vorbei.

Das Papier-System

Ich plane mein Leben momentan mit einem kleinen Ringbuch. Ich betone es noch einmal: Das muss alles nicht teuer sein. Ein kleiner Vergleich: In den Anfangszeiten meiner Zeit- und Lebensplanung bezahlte ich für den Jahresinhalt meines Planers ca. 100 Euro. Heute bezahle ich nur noch ca. 10 Euro dafür. Gutes muss nicht teuer sein!

Was ist drin in meinem Lebensplaner? Ganz vorne auf der ersten Seite befinden sich meine Lebensvision und mein Lebensmotto. Danach folgt das Super-Buch. Dann folgen verschiedene Checklisten für Tag, Woche, Monat und Jahr, damit die wichtigen Dinge nicht vergessen werden. Dahinter befinden sich die Jahreskalender, um auch papiermäßig eine Übersicht zu haben. Wobei eine doppelte Buchführung der Termine nicht notwendig und auch viel zu aufwändig ist.

Dahinter befindet sich ein Kalender, der mir die Wochentage einer Woche auf zwei Seiten anzeigt. Den habe ich, um spezielle Dinge für spezielle Tage einzutragen. Wenn ich z.B. irgendetwas in der Woche erledigen möchte, das sich nicht lohnt in den Elektronik-Planer einzutragen, Events der laufenden Woche oder Dinge, die mir zwar wichtig sind, aber nicht terminierbar.

Für mich ist dieser Teil des Lebensplanbuches der Wochenplan, den ich im Kapitel „Auf guter Planung lässt sich aufbauen" schon besprochen habe. Da ich jedoch meine Zeit- und Lebensplanung schon so lange durchführe und für manches auf Checklisten ausgewichen bin, verwende ich keinen so ausführlichen Wochenplan mehr, sondern beschränke mich auf diese Wochenübersicht auf zwei Seiten in meinem Zeitplanbuch. Wenn die Woche vorbei ist, reiße ich die linke Seite heraus und schlage um zur nächsten Woche. Damit signalisiere ich, dass die Woche nun endgültig vorbei ist und trage dazu bei, dass das Zeitplanbuch im Laufe des Jahres dünner wird.

Nach diesem Kalender für die Wochenübersicht ist eine Liste eingeheftet, auf der ich eintrage, an wen ich was verliehen habe. Sie können dies natürlich auch elektronisch machen, Hauptsache Sie machen es, damit Ihnen nichts verloren geht. Für mich gehört dies ebenso zur guten Verwaltung wie ein guter und seriöser Umgang mit Geld.

Dahinter befinden sich in meinem Zeitplanbuch noch die Infoseiten über Postgebühren, Entfernungen, Bußgelder, Feiertage etc. Und schließlich dient das Buch auch noch als Aufbewahrungsort für Visitenkarten, Führerschein, Personalausweis, EC-Karte usw.

Manche sagen nun: „Aber das kann man doch alles auch elektronisch machen!" Das stimmt, aber ich nutze hier einfach die Stärken des Papier-Systems, um für mich schneller und effizienter zu sein. Auch hier wiederhole ich mich gerne: Wichtig ist nicht, ein ganz bestimmtes System zu haben, sondern eines, das für mich funktioniert.

Sie werden feststellen, dass solche Systeme immer der Anpassung bedürfen und dass der eine dies gut findet und der andere jenes. Es gibt keine Patentlösung für Zeit- und Lebensplanung, aber es lohnt sich, immer wieder darüber nachzudenken. So bastle auch ich nach all den Jahren immer wieder an meinem System, und versuche es zu verbessern und immer hilfreicher für mich zu gestalten.

Deshalb mein Rat am Schluss dieses Kapitels: Seien Sie kreativ und ausdauernd, dann werden Sie das System finden, das Ihnen hilft, Ihr Leben in der Ihnen zur Verfügung stehenden Zeit optimal zu planen.

Von der Theorie zur Praxis

„Theorie und Praxis sind eins wie Leib und Seele. Und wie Seele und Leib liegen sie großenteils miteinander im Streit."[51]

„Seid aber Täter des Worts und nicht Hörer allein; sonst betrügt ihr euch selbst." (Jakobus 1,22)

Wir stehen nun am Ende einer langen Reihe von Gedanken, Konzepten, Listen und Systemen und vielleicht fragen Sie sich ja, wie das alles nun einen Platz in Ihrem Leben finden kann. Genau das ist das Geheimnis des Weges von der Theorie zur Praxis!

Mit Theorie und Praxis bezeichnet man normalerweise das Verhältnis von Ideen, Ideologien oder Lebenskonzepten und deren Verwirklichung. Jesus sagte einmal über sogenannte „falsche Propheten":

„...an ihren Früchten sollt ihr sie erkennen."

(Matthäus 7,16+20)

Also nicht an der Theorie - ihren Worten, sondern an der Praxis - dem was ihr Leben zu zeigen vermag. Es kommt tatsächlich auch ganz selten vor, dass jemand mit einer falschen Theorie in der praktischen Wirklichkeit dennoch Erfolg hat. Eines der wenigen bekannten Beispiele dafür finden wir in den Naturwissenschaften. Dort wird berichtet von den Experimenten des italienischen Physikers und Radiotechnikers Guglielmo Marconi (1874-1937). Er versuchte um das Jahr 1900, drahtlose Funkverbindungen zwischen Europa und Amerika herzustellen. Obwohl er eine falsche Theorie über die Ausbreitung für ihn geeigneter Kurzwellen hatte, klappte es trotzdem.

Fehlerquellen

Aber das war und ist wirklich eine Ausnahme. Normalerweise kann nur eine gute Theorie auch die Basis für eine gute Praxis sein. Dennoch klappt es nicht immer mit der Verwirklichung einer Theorie in der Praxis,

---

[51] Marie von Ebner-Eschenbach. Österreichische Schriftstellerin und Aphoristikerin (1830-1916).

so sehr man es auch möchte. Dazu nenne ich Ihnen vier mögliche Fehlerquellen, die auch in Kombination auftreten können:

1. Die Theorie war von vornherein falsch.
   Dazu braucht natürlich nicht immer alles falsch zu sein. Das Interessante ist ja, dass sehr oft das meiste einer Theorie richtig ist, wenn sie in die Praxis umgesetzt werden sollte. Wenn es also nicht funktioniert, könnte es den Entwicklern dieser Theorie möglicherweise an einem seriösen Realitätsbezug gefehlt haben.

2. Ursache und Wirkung werden verwechselt.
   Das ist im Grunde die gemeinste Fehler-Quelle, denn sie fällt nicht sofort auf. Z.B. wird bei einer bestehenden Tradition eher selten danach gefragt, warum sie entstanden ist. Sie wird einfach gelebt. Das bedeutet aber im Vollzug, dass sich die Beteiligten nicht mehr an der Theorie (Ursache) orientieren, sondern an der Praxis (Wirkung). Das könnte zur Folge haben, dass eine Tradition irgendwann einmal ihr ursprüngliches Ziel verfehlt und deshalb auch nicht mehr funktioniert, weil die dazugehörige Theorie im Sumpf der traditionellen Praxis untergegangen ist.

3. Eine richtige Theorie wurde bewusst oder unbewusst verfälscht.
   Dies geschieht häufig, wenn der Entwickler einer Theorie an deren Verwirklichung in der Praxis nicht mitarbeiten kann. Entweder weil er verstorben ist, oder weil seine Theorie einfach ohne ihn umgesetzt wird.

4. Die Umsetzung in die Praxis erfolgt nicht konsequent genug oder sogar schlampig.
   Solch eine Situation kann eintreten, wenn sich die Beteiligten an der Umsetzung einer Theorie nicht genug mit den Details derselben auseinandergesetzt haben. Dadurch kann es vorkommen, dass nur halbe Sachen gemacht werden, weil die Theorie entweder nicht verstanden wurde, oder weil eine sinnvolle Umsetzung vielleicht sogar zu unbequem ist.

Wenn Sie bei der Umsetzung von der Theorie in die Praxis diese möglichen Fehlerquellen beachten, sollte es nicht allzu schwer fallen, gut erarbeitete Konzepte oder Strategien seriös und erfolgreich in die Praxis umzusetzen.

Zen to Done

Und dazu möchte ich Ihnen jetzt ein System vorstellen, dass sich Zen to Done (ZTD) nennt und von einem Mann namens Leo Babauta stammt. Babauta ist Amerikaner und lebt in San Francisco. Er ist Journalist und arbeitet seit mehr als 20 Jahren als Reporter, Redakteur und freier Autor. 2007 startete er seinen Blog »Zen Habits« und schrieb dafür täglich Artikel darüber, wie man seine Ziele erreicht, über Produktivität und Organisation, Gesundheit und Fitness, Einfachheit und Glück, Familie und Finanzen.

In seinem E-Book schreibt er in der Einleitung von sich: *„Ich selbst habe zahlreiche Gewohnheiten geändert, indem ich die Tricks und Techniken aus diesem Buch und aus meinem Blog [zenhabits.net] angewandt habe: Ich habe tatsächlich mit dem Rauchen aufgehört und mit dem Joggen angefangen, ich esse gesünder, bin einen Marathon gelaufen, habe mein Einkommen verdoppelt und beinahe meine ganzen Schulden getilgt. Ich habe 20 Pfund verloren und ein erfolgreiches Blog gestartet - und das sind noch nicht alle Beispiele. Also: Gewohnheiten lassen sich definitiv ändern, wenn man nur realistisch bleibt, klein anfängt, die richtige Motivation findet und das Ziel nicht aus den Augen verliert. Noch vor ein paar Jahren war mein Schreibtisch zugemüllt, ich hatte unzählige Dinge ganz dringend zu erledigen und vergaß sie doch ständig; mein Email-Posteingang lief ebenso über wie meine Voicemail-Inbox, ich war ganz generell einfach unorganisiert und unproduktiv. Das hat sich geändert. Ich habe es geändert.“*

Solche Sätze machen mich grundsätzlich neugierig, denn das hört sich so an, als sei hier ein Mensch tatsächlich nicht nur bei der Theorie geblieben, sondern habe seinen Worten auch praktische Konsequenzen folgen lassen. Das dazugehörige E-Book ist auf Wunsch des Autors nicht durch ein Copyright geschützt, weshalb Sie es auf unserer Homepage herunterladen können[52].

Ich werde mit Ihnen nicht das ganze Büchlein durchgehen. Das würde den Rahmen meines Buches völlig sprengen. Aber ich möchte daraus ein paar wichtige Dinge für Theorie und Praxis weitergeben, die Sie vielleicht etwas neugierig machen werden.

---

[52]   Babauta, Leo: Zen to Done - Download unter: www.hwz-ministries.de/ressourcen/e-books.

Zen to Done ist keine östliche Religionsphilosophie, auch wenn es - vom Namen her - so klingt. Bei Zen to Done handelt es sich um eine Theorie, in deren Zentrum zehn Gewohnheiten stehen, die dabei helfen sollen, die Theorie von Zeit- und Lebensplanung in die Praxis umzusetzen. Dabei ist nicht wichtig, alle Gewohnheiten gleichzeitig zu etablieren, sondern Schritt für Schritt zum Ziel zu kommen.

Dazu konzentrieren Sie sich am besten immer nur auf eine der Gewohnheiten, maximal auf zwei oder drei. Wenn man Soziologen Glauben schenken darf, benötigen Menschen ca. vier bis sechs Wochen, bis sich eine Gewohnheit im Leben wirklich etabliert hat. Falls Sie sich von Zen to Done also helfen lassen wollen, sollten Sie deshalb für jede Gewohnheit zunächst einmal mindestens 30 Tage einplanen.

Auch hier gilt: Weniger ist mehr. Lieber eine Gewohnheit nach der anderen trainieren und in einem Jahr produktiver und effizienter sein, als alles auf einmal zu versuchen, um dann am Ende festzustellen, dass gar nichts davon wirklich umgesetzt bzw. im Leben etabliert ist.

Die Reihenfolge der folgenden zehn Gewohnheiten ist nur ein Vorschlag, der sich allerdings in der Praxis bewährt hat. Wenn Sie möchten, können Sie also relativ zeitnah mit der ersten Gewohnheit beginnen. Bei der Vorstellung der Gewohnheiten gebe ich einfach die Inhalte aus dem E-Book von Leo Babauta wider:

Gewohnheit Nr. 1: Sammeln
Worum geht's? Um ein allgegenwärtiges Werkzeug zum Festhalten von Ideen, Aufgaben, Informationen. Beschaffe dir ein kleines Notizbuch, trage es immer bei dir und schreibe darin alles auf, was dir so am Tag begegnet: Jedes Projekt, jede kleine Notiz, Telefonnummern, Haltestellenfahrpläne, Meeting-Mitschriften, To-do's, Einfälle - schlicht jede Information, die dir in den Sinn kommt, soll so raus aus deinem Kopf und aufs Papier, so dass du sie sowohl getrost vergessen kannst als auch nicht mehr vergisst.

Immer, wenn du zurück an deinen Schreibtisch kommst, überträgst du die Notizen von unterwegs in dein Organisationssystem. Ich empfehle ein kleines Notizbuch oder einen Stapel Karteikarten, weil beides sehr leicht zu transportieren und zu benutzen ist, aber wichtig ist nur, dass das Tool dir liegt. Es muss schnell aufnahmebereit sein, leicht zu transportieren und leicht zu benutzen. Je einfacher das Werkzeug, desto besser.

Gewohnheit Nr. 2: Durcharbeiten

Worum geht's? Darum, schnelle Entscheidungen über die Dinge an deinen Eingangsorten zu treffen. Zu den Eingangsorten gehören der E-Mail-Posteingang, dein Notizbuch, ein physischer Posteingangskorb auf dem Schreibtisch und auch der Briefkasten vor der Wohnungstür. Arbeite alle Eingangsorte mindestens einmal täglich durch, wenn nötig auch öfter. Geh dabei von oben nach unten vor, lege niemals etwas zurück, treffe zu jeder Sache eine schnelle Entscheidung: Entweder erledige sie sofort (wenn das weniger als drei Minuten dauert), delegiere sie an jemand anderen, ordne sie in deine Ablage ein, verschiebe sie auf einen späteren Zeitpunkt (To-do-Liste oder Kalender) oder befördere sie einfach in den Papierkorb. Lass nicht zu, dass sich Stapel bilden!

Gewohnheit Nr. 3: Planen

Worum geht's? Lege dir für jede Woche und jeden Tag einige wenige Hauptaufgaben fest, die dir am wichtigsten sind. Am Ende einer Woche überlegst du dir, welche „großen Brocken" du in der kommenden Woche unbedingt erledigt haben möchtest, und platzierst diese zuallererst im Kalender. Am Morgen oder Vorabend eines jeden Tages machst du dasselbe für die wichtigsten Aufgaben des Tages. Es sollten nur ein bis drei solcher Hauptaufgaben sein, und du solltest möglichst früh am Morgen damit beginnen, damit du sie schnell aus dem Weg hast.

Gewohnheit Nr. 4: Handeln

Worum geht's? Erledige immer nur eine einzige Aufgabe auf einmal - ohne Ablenkungen. Das ist eine der wichtigsten Gewohnheiten bei ZTD. Nimm dir ein „To-do" vor, am besten eine deiner Hauptaufgaben des Tages, und konzentriere dich vollkommen auf die Erledigung. Blende alles (wirklich alles) andere dabei aus. Schließe dein E-Mail-Programm und den Browser (oder zumindest alle unnötig offenen Tabs), stell das Handy auf „Lautlos", räume deinen Schreibtisch so leer wie möglich, eliminiere alle potentiellen Ablenkungen.

Wenn du willst, kannst du dir einen Wecker stellen, so dass du eine bestimmte Zeit an deiner Aufgabe arbeitest; ansonsten mach einfach so lange weiter, bis du merkst, dass du die nötige Konzentration nicht mehr aufbringen kannst. Solltest du doch mal unterbrochen werden, mach dir eine kurze Notiz zum entsprechenden Input und vergiss ihn sofort wieder. Zurück an die Arbeit. Versuche erst gar nicht, zu „multitasken".

Gewohnheit Nr. 5: Das einfache, vertrauenswürdige System
Worum geht's? Führe möglichst einfache Listen und prüfe sie täglich. Wenn du willst, kannst du Kontextlisten wie bei GTD[53] verwenden (@Einkäufe, @Büro, @Telefon), aber halte die Listen auf möglichst einfachem Niveau. Bastle dir kein komplexes System, und verzichte darauf, ständig die neuesten Tools auszuprobieren. So lustig das ist, so zeitverschwendend ist es auch.

Benutze entweder ein Notizbuch oder Karteikarten für deine Listen, oder suche dir eine schlichte Software oder Webanwendung für Listen. Du brauchst kein Smartphone, kein Outlook, kein ausgefeiltes Tagging-Konzept. Es genügen Kontextlisten und eine Projektliste, die du entweder täglich oder wöchentlich durchsiehst. Keep it simple. Konzentriere dich darauf, was gerade jetzt zu tun ist, und nicht auf das Herumspielen mit Werkzeugen.

Gewohnheit Nr. 6: Organisieren
Worum geht's? Alles hat seinen Platz. Jeder Input, der in dein Leben tritt, soll sofort an einen deiner Eingangsorte umgeleitet werden. Beschränke dich auf möglichst wenige Eingangsorte. Von dort aus gehen die Dinge auf eine Kontextliste oder in einen „Aktion!"-Ordner im E-Mail-Programm, in eine Mappe deiner Ablage, in den Postausgang, wenn du etwas delegieren willst, oder ganz einfach in den Papierkorb.

Schaffe feste Orte für alles, und räum die Dinge gleich an ihren Platz anstatt Haufen entstehen zu lassen mit dem Vorsatz, sie später zu sortieren. Das hält deinen Schreibtisch leer, so dass du dich auf die Arbeit konzentrieren kannst.

Gewohnheit Nr. 7: Der Wochenrückblick
Worum geht's? Geh dein System und deine Ziele jede Woche einmal durch. Während deines Wochenrückblicks solltest du dir deine Jahres-

---

[53] GTD = Getting Things Done. Siehe Buch von David Allen: Wie ich die Dinge geregelt kriege.

ziele vornehmen und überlegen, ob du in Bezug darauf Fortschritte in der vergangenen Woche gemacht hast. Dann überlegst du dir, welche Schritte du unternehmen kannst, um deine Ziele in der kommenden Woche voranzubringen. Nimm dir einmal im Monat etwas mehr Zeit für einen ausführlicheren Monatsrückblick, außerdem einmal im Jahr einen ganzen Tag für eine Jahresrundschau und das Überprüfen deiner Lebensziele.

Gewohnheit Nr. 8: Vereinfachen

Worum geht's? Reduziere deine Ziele und Aufgaben auf das Wesentliche. Wenn du versuchst, alles zu schaffen und überall dabei zu sein, wirst du dich schnell überfordert fühlen und den Fokus auf deine Hauptaufgaben verlieren. Nimm dir stattdessen deine diversen Listen vor und streiche alles, was nicht wirklich wichtig ist.

Reduziere deine Verpflichtungen gegenüber Dritten und kanalisiere deinen Informationsfluss. Sorge dafür, dass deine Projekte mit deinen persönlichen Zielen zu tun haben, und beende möglichst viele der Projekte, auf die das nicht zutrifft. Trainiere dir diesen Vereinfachungsprozess auf täglicher Basis und während deines Wochen- und Monatsrückblicks an.

Gewohnheit Nr. 9: Routinen

Worum geht's? Entwirf einige Routinen und gewöhne sie dir an. Wenn andere Produktivitätsmethoden dir zu unstrukturiert sind, können Routinen helfen. Eine Morgenroutine etwa könnte so aussehen: Check zuerst deinen Kalender und deine Kontextlisten, leg dann ein bis drei Hauptaufgaben für den Tag fest, mache ein wenig Sport, sichte deine E-Mail-Inbox und anderen Eingangsorte und geh dann die erste deiner Hauptaufgaben an.

Eine abendliche Routine könnte aus folgenden Punkten bestehen: Geh ein zweites Mal dein E-Mail-Postfach und deine Eingangsorte durch, lasse den Tag kurz Revue passieren, führe Tagebuch und bereite den nächsten Tag vor. Ein fester Einkaufs- und Waschtag kann zu einer Wochenroutine werden, ebenso ein bestimmter Tag für alle Finanzangelegenheiten oder einer, der ausschließlich für die Familie reserviert ist. Es hängt ganz von dir ab. Lege dir deine eigenen Routinen zurecht und etabliere sie.

Gewohnheit Nr. 10: Finde Deine Leidenschaft

Worum geht's? Finde eine Aufgabe, die dich erfüllt. Das wird vermutlich die letzte Gewohnheit sein, die du umsetzt. Es könnte aber zugleich die wichtigste von allen sein. GTD eignet sich ausgezeichnet, um die täglichen Aufgaben in deinem Leben zu managen und Prokrastination (Aufschieberitis) zu verhindern. Aber wenn du deine Arbeit mit Leidenschaft machst, wirst du so oder so nichts aufschieben. Du wirst das Arbeiten lieben und gar nicht genug davon bekommen können.

Die Gewohnheit, um die es hier geht, besteht darin, laufend auf Dinge zu achten, die dich glücklich machen, und zu prüfen, ob sich darauf eine Karriere aufbauen lässt. Mach aus deinem Job etwas, das dich mit Begeisterung erfüllt und nicht mit Widerwillen, und auf einmal wird dir deine To-do-Liste vorkommen wie eine Ansammlung von Belohnungen.

Umsetzung der Gewohnheiten

Das war die Beschreibung von Gewohnheiten, die - wenn Sie es genau verfolgt haben - sehr gut in das passen, was in den vergangenen Kapiteln behandelt wurde. Sie könnten daraus also durchaus ein stimmiges System für sich erstellen. Nur, wie kommt es dazu, dass theoretisch beschriebene Gewohnheiten zu praktischen Gewohnheiten werden?

Auch dazu macht Babauta Vorschläge, acht an der Zahl, wie Sie diese zehn Gewohnheiten umsetzen könnten. Mit welcher dieser Gewohnheiten Sie dabei anfangen, spielt keine Rolle. Sie könnten z.B. bei einer Gewohnheit anfangen, die schon einen Platz in Ihrem Alltagsleben hat. Oder bei einer, die Ihnen am meisten Spaß macht. Wichtig ist, dass Sie überhaupt anfangen und die Sache nicht einfach liegen lassen, weil morgen ja auch noch ein Tag ist.

Da aber auf den morgigen Tag wieder ein morgiger Tag folgt, möchte ich Sie ermutigen, heute damit anzufangen. Denn wenn Sie heute anfangen und sich für jede Gewohnheit diese 30 Tage Zeit nehmen, haben Sie in zehn Monaten ein neues und sicher auch funktionierendes System. Das ist doch eine Perspektive, und es ist auch ein Lebensziel wert, oder nicht?!

Um neue Gewohnheiten zu lernen gibt es verschiedene Methoden. Zu diesen Methoden werde ich keine neue hinzufügen. Allerdings gibt es ein paar gute Kniffe, die z.B. Leo Babauta in seinem ZTD-Büchlein ausführt, die ich als sehr hilfreich empfinde. Vor allem dann, wenn es Ihnen evtl. noch ein wenig an der Motivation fehlt. Ich zitiere bei den folgenden Kniffen wieder aus dem E-Book von Babauta:

1. Selbstverpflichtung

Fasse den Vorsatz, eine Gewohnheit zu lernen oder aufzugeben, und mach deinen Vorsatz so öffentlich wie möglich. Schreibe ihn in deinen Blog, auf Facebook, suche dir ein passendes Online-Forum oder erzähle Freunden und Familie davon. Je größer der positive öffentliche Druck ist, desto besser.

2. Training

Gewohnheiten ändern ist eine Fertigkeit. Und wie jede Fertigkeit braucht sie Übung. Nimm dir 30 Tage für Gewohnheitsänderungen, und versuche, die neue Gewohnheit an jedem einzelnen dieser 30 Tage auszuüben. Wenn du das einmal nicht packst, halte dich nicht lange mit dem Ärger darüber auf, sondern mach am nächsten Tag einfach weiter.

3. Motivation

Hierzu empfehle ich den Artikel „Top 20 Motivation Hacks" auf meinem Blog: http://zenhabits.net/2007/02/top-20-motivation-hacks-overview. In Sachen Motivation kannst du auch ein wenig in dich selbst hineinhören. Ich bin mir sicher, dass du weißt, was dich motivieren kann, Dinge zu tun, die ein wenig Überwindung kosten.

4. Protokollieren

Es hilft, Fortschritte täglich zu notieren. Mache dir Notizen vor dem Zubettgehen. Das wird dich motivieren und im Rückblick Zuversicht geben.

5. Unterstützung

Suche dir einen Partner oder eine ganze Gruppe, die dieselben Ziele hat. Wenn andere die Herausforderung teilen, wird es einfacher.

6. Belohnungen

Belohne dich selbst. Schon am Ende jedes der ersten drei Tage, dann am Ende jeder Woche, die Du durchgehalten hast, und nochmal richtig am Ende deiner 30 Tage.

7. Fokus

Es ist extrem wichtig, dass du dich während der ganzen 30 Tage auf die eine Gewohnheitsänderung konzentrierst. Hänge ein Poster über dem Schreibtisch auf oder schicke dir selbst E-Mail-Erinnerungen. Wie du es auch immer machst, ruf dir immer wieder dein Ziel vor Augen.

8. Positives Denken

Das ist vielleicht das wichtigste Element. Wenn du dir selbst glaubst, dass du deine Gewohnheiten ändern kannst und wirst, dann kann es auch klappen. Ignoriere alle negativen Gedanken und ersetze sie durch positive.

Damit hat Babauta völlig Recht. Und das hat auch mit Einstellung zu tun: Wenn Sie von vornherein negativ zu dieser Sache mit der Zeit- und Lebensplanung eingestellt sind, werden Sie vermutlich sehr wenig davon im Leben umsetzen. Darum ist es wichtig, eine grundsätzlich positive Einstellung dazu zu bekommen.

Und wenn Sie dann noch den Rat des Apostels Paulus umsetzen, wird Sie niemand mehr von Ihrem Weg abbringen können:

„Alles, was ihr tut mit Worten oder mit Werken, das tut alles im Namen des Herrn Jesus und dankt Gott, dem Vater, durch ihn." (Kolosser 3,17)

Um Ihnen auf dem Weg von der Theorie zur Praxis noch ein wenig zur Seite zu stehen, habe ich für Sie in Anlage 11 ein Formular integriert, das mit „Ihr persönlicher Maßnahmen-Plan" überschrieben ist. Mit diesem Formular haben Sie die Möglichkeit, sich noch heute ein paar Maßnahmen zu notieren, damit Zeit- und Lebensplanung zu Ihrer zweiten Natur werden kann. Lassen Sie keine Zeit verstreichen, denn was Sie heute beginnen, hat die größten Chancen, auch in Zukunft ein Teil Ihres Lebens zu sein.

In diesem Sinne: Gott segne Sie!

Ihr Hans-Werner Zöllner

Bibliografie

„Von der Mehrzahl der Werke bleiben nur die Zitate übrig. Ist es dann nicht besser, von Anfang an nur die Zitate aufzuschreiben?"[54]

„Und über dem allen, mein Sohn, lass dich warnen; denn des vielen Büchermachens ist kein Ende, und viel Studieren macht den Leib müde." (Prediger 12,12)

Allen, David: Wie ich die Dinge geregelt kriege, 7. Aufl., München 2007.

Allen, David: So kriege ich alles in den Griff, München 2008.

Allen, David: Ich schaff das! - Selbstmanagement..., Offenbach 2011.

Babauta, Leo: Zen To Done - Das ultimativ einfache Produktivitätssystem, imgriff.com 2008.

Babauta, Leo: Weniger bringt mehr - Die Kunst, sich auf das Wesentliche zu beschränken, München 2009.

Blair, Gary Ryan: Das kleine 1x1 der Zielsetzung, Giengen 2004.

Blair, Gary Ryan: Die zehn Grundgesetze zum Zielesetzen - Nicht beachten gefährdet den Erfolg!, Giengen 2004.

Blanchard, Kenneth/Oncken, William Jr./Burrows, Hal: Der Minuten-Manager und der Klammeraffe, 2. Aufl., Reinbek 2003.

Bossong, Clemens: Effektives Zeitmanagement, München 2000.

Covey, Stephen R. u.a.: Der Weg zum Wesentlichen - Zeitmanagement der vierten Generation, 5. Aufl., Frankfurt 2003.

Covey, Stephen R.: Der 8. Weg - Mit Effektivität zu wahrer Größe, 4. Aufl., Offenbach 2007.

Covey, Stephen R.: Die 7 Wege zur Effektivität - Prinzipien für persönlichen und beruflichen Erfolg, 10. Aufl., Offenbach 2008.

Covey, Stephen R.: Die 7 Wege zur Effektivität - Workbook: So integrieren Sie die 7 Wege in Ihr Leben, Offenbach 2010.

Donders, Paul: Kreative Lebensplanung, 6. Aufl., Asslar 2005.

---

[54] Stanislaw Jerzy Lec. Polnischer Lyriker und Aphoristiker (1909-1966).

Drucker, Peter F.: Was ist Management? Das Beste aus 50 Jahren, 5. Aufl., Berlin 2007.

Engel-Ortlieb, Dorothea: Perfekt im Office - Moderne Büroorganisation für Profis, Frankfurt/Wien 2001.

Friedag Herwig R.; Schmidt, Walter: My Balanced Scorecard, 3. Aufl., Freiburg 2006.

Hack, Kerstin: Swing - Dein Leben in Balance, 2. Aufl., Berlin 2007.

Karle, Isolde: Der Pfarrberuf als Profession, 6. Aufl., Gütersloh 2009.

Knoblauch, Jörg: www.ziele.de - Wie Sie Schritt für Schritt Ihre Ziele erreichen, Offenbach 2005.

Knoblauch, Jörg/Hüger, Johannes/Mockler, Markus: Dem Leben Richtung geben - In drei Schritten zu einer selbstbestimmten Zukunft, Frankfurt/Main 2003.

Knoblauch, Jörg/Hüger, Johannes/Mockler, Markus: Ein Meer an Zeit - Die neue Dimension des Zeitmanagements, Frankfurt/Main 2005.

Koch, Richard: Das 80/20 Prinzip - Mehr Erfolg mit weniger Aufwand, Frankfurt/Main 1998.

Konnertz, Dirk; Schwarz, Hubert: Ziele erreichen, Offenbach 2001.

Krimmer, Heiko: Alltag beherrschen oder beherrscht werden?, Bad Liebenzell 1991.

Küstenmacher, Werner Tiki: simplify your life - Einfacher und glücklicher leben, 9. Aufl., Frankfurt/Main 2002.

Kurz, Jürgen: Für immer aufgeräumt - 20 Prozent mehr Effizienz im Büro, Offenbach 2007.

Lachmann, Siegfried: Dreamday - Das Wesentliche im Leben entdecken, 2. Aufl., Giengen 2004.

MacDonald, Gordon: Ordne dein Leben - Perspektiven für den Umgang mit dem Leben und der Zeit, Asslar 1992.

Mackenzie, Alec: Die Zeitfalle, 10. Aufl., Heidelberg 1991.

Matejcek, Karina: Überleben ohne Sekretärin, Frankfurt/Wien 2003.

Maxwell, John C.: Charakter und Charisma. Die 21 wichtigsten Qualitäten erfolgreicher Führungspersönlichkeiten, Gießen 2002.

Passig, Kathrin/Lobo, Sascha: Dinge geregelt kriegen, ohne einen Funken Selbstdisziplin, Berlin 2008.

Porter, Mark: Zeit planen - sinnvoll leben, 2. Aufl., Asslar 1990.

Scott, Martin: Zeitgewinn durch Selbstmanagement, 2. Aufl., Frankfurt/Main 2001.

Seiwert, Lothar: Das Bumerang-Prinzip - Mehr Zeit fürs Glück, München 2002.

Seiwert, Lothar: Das neue 1x1 des Zeitmanagements, München 2002.

Seiwert, Lothar: Die Bären-Strategie - In der Ruhe liegt die Kraft, Kreuzlingen/München 2005.

Seiwert, Lothar: Noch mehr Zeit für das Wesentliche - Zeitmanagement neu entdecken, Kreuzlingen/München 2006.

Seiwert, Lothar: Wenn du es eilig hast, gehe langsam, 11. Aufl., Frankfurt/Main 2006.

Seiwert, Lothar: simplify your time - Einfach Zeit haben, Frankfurt/Main 2010.

Seiwert, Lothar: Ausgetickt - Lieber selbstbestimmt als fremdgesteuert, München 2011.

Stanton, Sybil: Zwischen Küche und Computer - Stress abbauen - Zeit gewinnen, Neuhausen-Stuttgart 1990.

Stork, Edith: Logistik im Büro - Unordnung kostet Geld, 3. Aufl., Weinheim und Basel 1999.

Swenson, Richard A.: Einfach einfacher - Rezepte gegen das Zuviel, das uns zu wenig Raum zum Leben lässt, Gießen 2006.

Thomas, Gary: Neun Wege Gott zu lieben, 3. Aufl., Witten 2009.

Tracy, Brian: Das Maximum-Prinzip, Frankfurt/Main 2003.

Whelchel, Mary: Viel Erfolg! Wie Sie Ihren Berufsalltag positiv gestalten, Wuppertal 1997.

Winston, Stephanie: Leben ohne Chaos, Landsberg/Lech 2000.

Anlagen

Anlage 1 - Offene Enden: Beispiele

Berufliches	Privates

Projekte

- begonnene/nicht abgeschlossene (Schritte?)
- anzuschiebende

Verpflichtungen/Zusagen gegenüber anderen

- Chef / Partner
- Kollegen
- Kunden
- Berater

Kommunikation intern/extern

- Anrufe/SMS
- E-Mail
- Faxe/Briefe/Memos

Vorbereitungen/Schreiben

- Berichte
- Artikel
- Predigten
- Vorträge/Referate
- Ausarbeitungen

Treffen / Sitzungen (anberaumen/ anfordern)

Wer muss welche Entscheidungen kennen?

Wichtiges zum Lesen/Durchlesen

Planung/Organisation

- Formelle Planung (Ziele)
- Anstehende Ereignisse
- Konferenzen/Vorträge

Projekte

- begonnene/nicht abgeschlossene (Schritte?)
- anzuschiebende / externe Projekte anderer

Verpflichtungen/Zusagen gegenüber anderen

- Ehefrau / Ehemann / Familie / Kinder
- Freunde
- Geborgte Gegenstände

Kontakte pflegen/herstellen

- Familie/Freunde
- Reagieren auf Anrufe/Briefe/ Postkarten

Anstehende Ereignisse

- Geburtstage/Jubiläen/ Hochzeiten
- Wochenendausflüge/Urlaub
- Gesellschaftliche/kulturelle Ereignisse

Neues entdecken

- Wo kann man hingehen (Attraktionen)?
- Leute treffen/einladen

Organisatorisches

- Finanzen: Gehalt/Banken/ Geldanlagen/Kredite
- Versicherungen/ Rechtsangelegenheiten
- Aktenführung

Berufliches	Privates

Verwaltung

- Rechtsangelegenheiten
- Versicherungen
- Personal

Kunden (intern/extern)

Werbung

Systeme

- Telefon
- Computer/Software
- Büromaschinen
- Aufbewahrung/Archivierung

Materialvorräte

Warten auf

- Informationen
- Extern vergebene Aufgaben/ Projekte
- Abschlüsse, die für Projekte wichtig sind

Antworten auf

- Briefe/Anrufe
- Anforderungen
- Rückerstattungen
- Bestellte Waren

Entscheidungen anderer

Warten auf ...

- Bestellte Waren
- Erstattungen
- Verliehene Gegenstände
- Medizinische Befunde

Wohnung/Haushalt

- Vermieter
- Heizung/Klima/Wasser/ Abwasser/Strom
- Möbel
- Waschmaschine/Trockner/ Staubsauger
- Zu reinigende/aufzuräumende Bereiche

Computer

- Hardware/Software
- E-Mail/Internet

TV / Telefon/Anrufbeantworter

Schränke/Kleidung

Autoreparatur/Wartung

Gesundheit

- Ärzte/Zahnärzte
- Spezialisten

Hobbys

Besorgungen

Gemeinde

- Nachbarschaft
- Schulen

Gemeindeverwaltung

Anlage 2 - Formular: Planungsprinzip der Schriftlichkeit

1. Was hindert mich daran, die Dinge, die ich tun und erledigen will, auch entsprechend aufzuschreiben?

_____

_____

_____

2. Wieviel Zeit will ich für meine tägliche Zeitplanung reservieren?

_____

3. Was werde ich ab heute tun, um das Planungsprinzip der Schriftlichkeit konsequent anzuwenden?

_____

_____

_____

4. Folgende Aktivitäten werde ich ab sofort schriftlich planen:

Kurzfristig	Mittelfristig	Langfristig

Anlage 3 - Lebensvision: Beispiele

Meine geistlichen Gaben, meine natürlichen Fähigkeiten und meine strukturierte Art so einsetzen, dass andere Menschen ihr Potential entfalten können, das Gott in sie hineingelegt hat. Und alles, was ich dabei tue, mit Worten oder mit Werken, das tue ich alles im Namen des Herrn Jesus, und danke Gott, dem Vater, durch ihn (Kol. 3,17).

Ich genieße täglich intensive Lebensfreude und gebe sie dankbar an andere Menschen weiter. Ich entwickle mich stetig weiter und erweitere mein Bewusstsein.

Für mich selbst möchte ich entwickeln, dass ich mich erkenne, liebe und toleriere. Ich möchte meine Heilkräfte nutzen, um die Hoffnung am Leben zu halten und meiner Vision in Wort und Tat Ausdruck zu verleihen. In meiner Familie möchte ich gesunde, liebevolle Beziehungen aufbauen, in denen wir unser bestes Ich werden können. In der Arbeit möchte ich ein fehlerfreies, sich selbst erneuerndes, lernendes Umfeld schaffen. In der Welt möchte ich im Einklang mit den Gesetzen der Natur die Entwicklung aller Lebensformen fördern.

Meine Mission ist es, glaubwürdig und integer zu handeln und das Leben anderer Menschen spürbar zu verbessern.

Ich will beruflich Karriere machen und eine prestigereiche Position erreichen.

Jesus Christus mit meinem ganzen Herzen anzubeten, ihm mit all meinen Fähigkeiten zu dienen, mit seiner Familie Gemeinschaft zu pflegen, ihm ähnlich zu werden und seinen Auftrag in dieser Welt zu seiner Ehre zu erfüllen.

Auf eine Weise handeln, die das Beste in mir und den für mich wichtigen Menschen hervorbringt - besonders wenn es gerechtfertigt scheint, anders zu handeln.

Anlage 4 - Formular: Ziele formulieren

Wie formuliere ich Ziele ...

... messbar?

... machbar?

... motivierend?

WAS?
Was ist ganz konkret mein Ziel?
Welchen neuen Zustand will ich erreichen?
Welche neuen Ordnungen will ich schaffen?
Welche neuen Abläufe will ich etablieren?

WER?
Wer muss was in Gang setzen, damit das neue Ziel erreicht wird?
Wer trägt die Hauptverantwortung?

Kraftfeldanalyse:
* Wer ist für mein Ziel und wird mich nach Kräften unterstützen?
* Wer ist gegen mein Ziel und wird nach Kräften versuchen, meine Bemühungen scheitern zu lassen?

WOZU?
„Wer Leistung fordert, muss Sinn bieten." (Peter Drucker)
Ich muss selbst von dem Sinn, dem praktischen Nutzen meines Ziels fest überzeugt sein, um es überzeugend vertreten zu können!

WIE VIEL ..?
... ZEIT darf dieses Ziel kosten?
Jeder von uns muss schließlich mehrere Ziele verfolgen.
... GELD darf dieses Ziel kosten?
Jeder von uns hat begrenzte Ressourcen.
... ENERGIE darf mich dieses Ziel kosten?
Ich scheitere, wenn ich nur Ziele verfolge, die Energie verbrauchen. Ich brauche auch Ziele, die Energie freisetzen.
... BEZIEHUNGEN darf mich dieses Ziel kosten?
Manchmal sind Beziehungen wichtiger als die Erreichung eines bestimmten Ziels.

WANN?
Wann sollen diese Ziele erreicht sein?
Wann setze ich – deutlich und visuell terminiert - die Maßnahmen zur Zielerreichung um?

Anlage 5 - Checkliste: Ziele
Mein Ziel Nr.: _____

M - messbar: Was will ich genau erreichen? (Wunschbild/Ergebnisse)

M - machbar: Ist mein Ziel erreichbar/umsetzbar?

M - motivierend: Löst mein Ziel in mir (in anderen) positive Motivation aus?

Mangel erzeugen: Was kostet mein Ziel an Zeit, Menschen, Geld?

Wem nützt meine Zielsetzung?

Schlüsselfaktoren:

Multiplikatoren/Katalysatoren:

Welche Einzelschritte werde ich gehen?

O Anlage: O Ablage:

Anlage 6 - Formular: Ziele - Projekte - Aktionen

Ziele / Projekte / Aktionen der _____ im Jahr _____

Stand: _____   Seite: ___ von ___

Nr.	Was?	Wer?	Wie?	Start?	Ziel?	Grad der Erledigung	Bemerkungen
1							
2							
3							
4							
5							
6							
7							
8							
9							
10							
11							

Grad der Erledigung: 10% = besprochen/aufgenommen - 20% = Infos/Recherche - 30% = Entscheidung - 40% = Ak gebildet - 70% = Erarbeitung - 80% Ein-/Durchführung - 100% = Erledigt

143

Anlage 7 - Test: Wie gut können Sie Prioritäten setzen?

Beantworten Sie bitte die folgenden Fragen spontan	Ja	Nein
Wissen Sie, welche Aufgaben Sie heute erwarten?		
Konzentrieren Sie sich bei der Bearbeitung auf eine Aufgabe?		
Vermeiden Sie Multitasking?		
Können Sie sich gut auf das Wesentliche konzentrieren, statt zu viel auf einmal zu machen??		
Fällt es Ihnen leicht, Wichtiges von Unwichtigem zu trennen, so dass Sie sich nicht mit scheinbar wichtigen Aufgaben verzetteln?		
Wissen Sie, wieviel Zeit Sie für eine einzelne Aufgabe haben?		
Kennen Sie Ihren persönlichen Zeitbedarf für die einzelne Aufgabe?		
Wissen Sie, bis wann Sie die Aufgabe zu erledigen haben?		
Können Sie beurteilen, ob die Aufgabe gleich erledigt werden muss?		
Kann Sie von jemand anderen erledigt werden?		
Überlassen Sie bei delegierten Aufgaben Ihren Mitarbeitern, wie diese die Aufgabe ausführen?		
Können Sie die Folgen abschätzen, wenn diese Aufgabe nicht erledigt würde?		
Können Sie die Folgen abschätzen, wenn Sie diese Aufgabe später erledigen?		
Haben Sie Kenntnis darüber, wie hoch der Schaden und die Kosten wären, wenn diese Tätigkeit ersatzlos gestrichen würde?		
Können Sie einschätzen, wie wichtig diese Aufgabe für Ihre Kollegen, andere Abteilungen bzw. das Unternehmen ist?		
Sind Sie bestens über neueste Entwicklungen, Informationen und Vorgaben informiert, die Ihre Aufgaben betreffen?		
Können Sie gut Nein sagen?		

Auswertung:

Zählen Sie Ihre „Ja"-Antworten.

13-17 „Ja"-Antworten: Sie können sehr gut Prioritäten setzen.

07-12 „Ja"-Antworten: Ihre Fähigkeit, Prioritäten zu setzen, ist gut.

01-06 „Ja"-Antworten: Ihnen fällt es oft schwer, Prioritäten zu setzen.

Grundlegender Tipp: Analysieren Sie jede „Nein"-Antwort. Was benötigen Sie in diesem Bereich, um besser Prioritäten setzen zu können?

Anlage 8 - Formular: Wochenplan

Wochenplan - Woche vom: | **bis:**

	Aufgaben/ Prioritäten	Sonntag	Montag	Dienstag	Mittwoch	Donnerstag	Freitag	Samstag
					Prioritäten heute			
		7	7	7	7	7	7	7
		8	8	8	8	8	8	8
		9	9	9	9	9	9	9
		10	10	10	10	10	10	10
		11	11	11	11	11	11	11
		12	12	12	12	12	12	12
		13	13	13	13	13	13	13
		14	14	14	14	14	14	14
		15	15	15	15	15	15	15
		16	16	16	16	16	16	16
		17	17	17	17	17	17	17
		18	18	18	18	18	18	18
		19	19	19	19	19	19	19
		Abend	Abend	Abend	Abend	Abend	Abend	Abend

Verabredungen / Verpflichtungen

Bereiche	Ziele

Life-Balance (Säge schärfen)

physisch:

mental:

sozial:

spirituell:

Anlage 9 - Anzeichen für einen möglichen Burnout

Stadium 1: Der Zwang, sich zu beweisen

Ein neuer Job wird oft als große Herausforderung angesehen, die mit großen Erwartungen verbunden ist und das Aufgabengebiet wird hoch idealisiert.

Stadium 2: Verstärkter Einsatz

Von sich aus macht man mehr, als man muss, bei Überstunden ist man nicht so genau. Mitarbeiter beginnen, sich mit ihrer Arbeit zu identifizieren, wobei der Beruf immer stärker die Oberhand gewinnt.

Stadium 3: Subtile Vernachlässigungen eigener Bedürfnisse

Der Arbeit werden jegliche private Bedürfnisse untergeordnet. Private Beziehungen beginnen, darunter zu leiden. Der persönliche Lebensraum wird vernachlässigt, auf die Gesundheit wird nicht geachtet und für sportliche Betätigungen bleibt keine Zeit mehr.

Stadium 4: Verdrängung von Konflikten und Bedürfnissen

Betroffene stehen unter dem Zwang, funktionieren zu müssen. Diese „Einsichten" werden aber rasch verdrängt. Der Leistungszwang gewinnt die Oberhand und das „Getrieben sein" verdrängt immer mehr die persönlichen Werte.

Stadium 5: Umdeutung von Werten

Wenn der Konflikt zu groß wird, werden persönliche Werte kurzerhand geleugnet oder umgedeutet, Wichtiges und Unwichtiges vermengt sich. Spätestens in diesem Stadium leiden auch die privaten Beziehungen. Es wird weder auf die eigenen Bedürfnisse noch auf die der anderen Rücksicht genommen.

Stadium 6: Verstärkte Leugnung der aufgetretenen Probleme

In dieser Phase nimmt der Drang zu, sich noch mehr anzustrengen, wobei die eigene Müdigkeit oder erste Krankheitssymptome verleugnet werden. Nach außen wird so getan, als gäbe es keine Probleme, anstatt das Problem offen zu besprechen. Die Distanz zum Selbst wird immer größer.

Stadium 7: Rückzug

Obwohl man es will, fühlt man sich außer Stande, den hohen emotionalen Einsatz aufrecht zu erhalten. Aufmerksamkeit und Einsatzbereitschaft lassen nach, die Ressourcen verringern sich. Nach außen wird so getan als ob, doch nach innen fällt es immer schwerer, Energie und Interesse aufzubringen. Die Empfindungen des Ausgebrannt seins können so sehr überraschen, dass man versucht, wenn man sich gestresst fühlt, so zu tun, als ob alles in Ordnung wäre.

Stadium 8: Beobachtbare Verhaltensänderungen

Der Umwelt fällt ein geändertes Verhalten auf. Nahestehende Menschen zeigen sich besorgt darüber, erkennen die Erschöpfung und beklagen sich über fehlende Spontaneität oder Humorlosigkeit. Das wird als Kritik aufgefasst, die zurückgewiesen wird, da die anderen nicht verstehen, wie es einem geht. Man glaubt, es sei einem nicht mehr zu helfen.

Stadium 9: Verlust des Gefühls für die eigene Persönlichkeit

Die Kommunikation mit anderen wird fast gänzlich eingestellt. Betroffene haben das Gefühlt, als würde ihr Körper von jemand anderem bewohnt. Es kann zu einer Spaltung zwischen Gefühlen und Handlungen kommen, indem z.b. Wut oder Schuldgefühle durch die Lethargie der Erschöpfung ersetzt werden. Es kommt zu massiven Schlafstörungen.

Stadium 10: Innere Leere

Man versucht, die Leere mit etwas anderem zu ersetzen, z.b. Essen, Alkohol, Drogen. Übermäßige sportliche Betätigung, erhöhter Fernsehkonsum oder Konsumrausch können auch Kompensationen des Leere-Gefühls sein. Betroffene wissen, dass sie etwas dagegen unternehmen sollten, doch fehlen ihnen Energie und Motivation. Sie wollen nur noch für sich sein.

Stadium 11: Depression

Bei der Burnout-Depression gibt es kein Gefühl mehr für die Zukunft, und für jegliche Veränderung fehlt die Kraft. Die Fähigkeit, neue, andere Perspektiven oder Veränderungen zu sehen, geht verloren. Das Selbstwertgefühl sinkt auf den Nullpunkt, den Betroffenen ist egal, ob und was geschieht. Hoffnungslosigkeit und Verzweiflung machen sich breit, gleichzeitig herrscht Antriebslosigkeit. Alle ehrgeizigen Wünsche und Erwartungen sind zerstört, erste Suizidgedanken können aufkeimen. Wird die Depression nicht als Lethargie erlebt, kann es zu nervöser Übererregung kommen. Wutanfälle, Herumzappeln, Nägel kauen, auf die Lippen beißen, Tränenausbrüche sind mögliche Reaktionen.

Stadium 12: Völlige Erschöpfung - Burnout

Es kommt zum totalen Zusammenbruch, ein extrem gesundheitsbedrohlicher Zustand, der einer Akutbehandlung bedarf. Die körperliche, emotionale und / oder geistige Gesundheit ist massiv gefährdet. Professionelle Hilfe ist unerlässlich.

Vgl.: Tomaschek, Hans / Nagy, Thomas: Coaching am Rande des Burnout. Chancen, Möglichkeiten und Grenzen, MeisterKlasse publishinghouse 2008.

Anlage 10 - Scheinarbeit

11 Wege, wie Sie garantiert beschäftigt wirken

Quelle: http://karrierebibel.de/scheinarbeit-11-wege-wie-sie-garantiert-beschaftigt-wirken

1	**Kreieren Sie Unordnung** auf Ihrem Schreibtisch. Sie sollten immer Unterlagen und Papiere herum liegen lassen. Das müssen gar keine Berge sein, einige wenige, durcheinander gewürfelte Papiere reichen schon. Mitarbeiter die ständig Ordnung halten, können gar nicht viel zu tun haben, schließlich haben sie ja noch Zeit zum Aufräumen.
2	**Füllen Sie Ihren Bildschirm** mit allen Programmen, die Sie im Laufe eines normalen Arbeitstages nutzen. Starten Sie die Programme gleich morgens und ordnen Sie sie so an, dass es nach Arbeit aussieht. So können Sie mit einem Klick das private Browser-Fenster verschwinden lassen, wenn der Chef vorbei kommt. Und schon sieht er, was Sie im sprichwörtlichen Sinne alles auf dem Schirm haben.
3	**Machen Sie sich viele Notizen.** Es spielt keine Rolle, wenn die gar nichts mir Ihrer Arbeit zu tun haben und Sie vielleicht nur die Einkaufsliste für das Wochenende vorbereiten. Wichtig ist nur, dass Sie viel schreiben und dabei gesehen werden. Das wirkt nämlich, als würden Sie richtig viel organisieren.
4	**Zeigen Sie, wie gestresst Sie sind.** Dabei dürfen Sie natürlich nicht übertreiben, sonst wirken Sie überlastet. Kleinigkeiten reichen. Ein tiefes Atmen hier, ein leises Seufzen da und Ihre Kollegen und Chef nehmen Ihr hohes Arbeitspensum anerkennend zur Kenntnis.
5	**Sprechen Sie über die Projekte**, an denen Sie mitarbeiten oder sich beteiligen wollen. Erwähnen Sie möglichst oft, was Sie alles tun. Achten Sie vor allem darauf, verschiedenen Kollegen von verschiedenen Projekten zu erzählen. Denn auch die reden miteinander und tauschen sich aus. Es dauert dann nicht lange bis es heißt: "Was, da arbeitet der auch noch mit?"
6	**Fragen Sie nach neuen Programmen und Geräten.** Gerade dann, wenn Sie sich sicher sind, dass Ihr Antrag niemals genehmigt wird, fragen Sie hartnäckig nach Neuanschaffungen. Es ist immer toll, wenn Sie sagen können: "Wir sind so weit gekommen, jetzt brauchen wir eine professionellere Ausstattung." Ihr Vorgesetzter wird begeistert sein.

7	**Setzen Sie Meetings fest** und belegen Sie dazu unbedingt, für alle sichtbar, einen Konferenzraum. Meetings sind – leider und fälschlicherweise – in den meisten Firmen nach wie vor ein Indiz für die Wichtigkeit einer Person. Viele Meetings werden automatisch mit viel Arbeit gleichgesetzt. Dabei ist es egal, mit wem Sie sich treffen und was Sie dabei besprechen.
8	**Blockieren Sie Zeiten in Ihrem Kalender.** Wenn Sie in Ihrer Firma einen Exchange-Server oder generell einen für alle offenen Kalender nutzen, bietet Ihnen das viele Möglichkeiten. Die einfachste: Markieren Sie möglichst viel Zeit als blockiert und wichtig. Sowohl Ihr Chef als auch die Kollegen werden schwer beeindruckt sein, wie viele wichtige Termine Sie auf Ihrer Agenda haben.
9	**Vereinbaren Sie im Voraus Termine mit Ihrem Chef.** Am besten mehrere Wochen im Voraus. Begründen Sie Ihre Anfrage damit, dass Sie leider in den nächsten Wochen keine Zeit haben, Ihnen dieses Treffen aber sehr wichtig ist. Der Boss wird beeindruckt von seinem hart arbeitenden Mitarbeiter sein. Natürlich brauchen Sie für diesen Termin dann auch ein bedeutsames Thema. Aber jetzt haben Sie ja auch Zeit, sich darüber Gedanken zu machen.
10	**Gehen Sie immer zügig und zielstrebig** durch die Gegend. Wo Sie hinwollen ist dabei zweitrangig. Schnell gehende Menschen wirken energisch und produktiv. Um die Wirkung zu verstärken, sollten Sie unbedingt einige Unterlagen oder Ordner dabei haben. Damit machen Sie allen klar, dass Sie sich für nichts zu schade sind.
11	**Schicken Sie E-Mails zu ungewöhnlichen Uhrzeiten.** Nehmen wir zum Beispiel die korrigierten Zahlen oder das überarbeitete Konzept. Schicken Sie das erst nach 21 Uhr, wird Ihr Vorgesetzter annehmen, dass Sie selbst spät abends noch für die Firma schuften. Bravo! Das war der Plan.

P.S.: Falls Sie es noch nicht bemerkt haben: Das war Satire!

Anlage 11 - Ihr persönlicher Maßnahmen-Plan

Was werde ich ab heute umsetzen,
um meine Zeit- und Lebensplanung nachhaltig zu verbessern?

Priorität			Was?	Erledigt	Kontrolle
A	B	C	(Gedanke, Methode, Thema etc.)	bis	OK ✓

HWZ Ministries

Unsere Vision: Menschen: menschlicher!
Glauben: glaubwürdiger!
Leben: lebenswerter!
Gesellschaft: gesellschaftlicher!

Unser Angebot

Gottes Stimme hören

Welcher Christ wünscht sich das nicht? Immer dann, wenn es um Entscheidungen im Leben geht, die sehr wichtig sind, wird der Ruf laut, Gottes Stimme zu hören. Nun kann es für Sie wahr werden. Wir vermitteln Ihnen die nötigen Schlüssel, damit Sie die Stimme Gottes hören und sich mit Ihm über Ihr Leben austauschen können. Und Gott wird es Ihnen schenken (Joh. 10,27)!

Ein Leben haben, das Spuren hinterlässt

Vielleicht entsteht dieser Wunsch nicht immer in jungen Jahren. Aber wir garantieren: Er kommt. Der Wunsch danach, mit seinem Leben etwas zu hinterlassen, das man als lohnenswert bezeichnen kann. Wir coachen Sie, um Ihnen zu helfen, Menschen in der Gemeinde so zu führen, dass diese ihr Gott gegebenes Potential entfalten können.

Neuer Kurs für die Gemeinde?!

Christliche Gemeinde wird oft mit einem Schiff verglichen, das sich auf dem Meer der Gesellschaft befindet, die sie umgibt.

Wir möchten Ihnen dabei helfen, dieses Schiff nicht nur auf dem aktuellen Kurs zu halten, sondern dass es auch einen neuen Kurs aufnehmen kann, falls Sie die bisherige Reiseroute nicht mehr als zielführend empfinden.

Wenn Sie die folgenden Fragen bewegen:

➢ Wie kann ich Gottes Stimme (live) hören?
➢ Wie kann ich ein Leben führen, das Spuren hinterlässt?
➢ Wie können wir gemeinsam die Gemeinde wieder auf Kurs bringen?

dann sind Sie hier genau richtig.

Frei nach der oben angegebenen Vision von HWZ Ministries bieten wir Ihnen nachfolgende Dienstleistungen, von bester Qualität, zu den Ihnen bzw. Ihrer Gemeindearbeit entsprechenden Konditionen.

Unser Motto:
Menschen gerne Liebe geben!

Coaching
➢ Visionäre Gemeindeentwicklung/ -konzeption
➢ Gemeindeanalyse und Impulsgebung
➢ Entwicklung von geistlichem Leben in der Gemeinde
➢ Führungskräfte-Coaching (Gemeindeleitung)

Seminare
in verschiedenen Bereichen und Disziplinen, die in Christsein und Gemeinde relevant sind, wie z.B.:
Gottes Stimme -live- hören!

Vorträge
zu verschiedenen Themen
➢ der Bibel
➢ des Christseins
➢ des Gemeindealltags

Eine Liste mit Themen können Sie auf der unten angegebenen Website einsehen.

Kontakt: info@hwz-ministries.de / +49 (0)8221 276 908 0 / www.hwz-ministries.de

Weitere Bücher von Hans-Werner Zöllner:

Leiterschaft ist ... wenn der Leiter schaf(f)t
(Ein Führungskräfte-Coaching)

Hinter diesem Titel verbirgt sich ein biblischer Gedanke, der in 1. Petrus 5,2 nachzulesen ist: *„Weidet die Herde Gottes, die euch anbefohlen ist; achtet auf sie, nicht gezwungen, sondern freiwillig, wie es Gott gefällt; nicht um schändlichen Gewinns willen, sondern von Herzensgrund".*

Das bedeutet, dass eine Führungskraft in einer christlichen Gemeinde nicht von vornherein dazu „verdonnert" ist, alles selbst machen zu müssen, sondern die Menschen innerhalb der Gemeinde dazu anzuleiten, gemeinsam auf den Auftrag Jesu einzugehen, die Güte Gottes mit all seinen Facetten in die Welt zu tragen (Epheser 4,11-14).

Allen, die nicht alles alleine schaffen, sondern andere mit ins Boot nehmen wollen (schafen/weiden), soll dieses Buch als Coach dienen, der sie durch die wichtigsten Themen der Leitung einer christlichen Gemeinde führen wird: Führen mit Vision - Gemeinde mit Struktur und Strategie - Mitarbeiter-/Leiter-Nachwuchs - Teamwork - Coaching - Kommunikation - Konfliktbewältigung - Selbstmanagement...

Dieses Buch (und das E-Book) können Sie in jeder Buchhandlung, oder auch über Amazon.de, kaufen oder bestellen.

Paperback - 312 Seiten
         (mit vielen Checklisten, Formularen und Schaubildern)

Preise:
Buch: 19,95 Euro
E-Book: 10,99 Euro
ISBN: 978-3-7431-8195-3

Die Vision als Fixstern der Veränderung

(Veränderungsprozesse in christlichen Gemeinden)

Begeben Sie sich auf eine spannende Reise, bei der die Vision der Fixstern der Veränderung Ihrer Gemeinde sein kann!

„Denn Gott hat uns nicht gegeben den Geist der Furcht, sondern der Kraft und der Liebe und der Besonnenheit." (2. Timotheus 1,7)

In vergangenen Jahrhunderten führten sie die Seefahrer sicher in den heimatlichen Hafen. Es waren die Fixsterne, allen voran der Nordstern. Wer auf ihn schaute und seine Reise nach ihm ausrichtete, konnte nicht in die Irre gehen. Heutzutage wird diese Aufgabe von modernen Satelliten-Navigationssystemen übernommen.

Wenn Sie sich auf die Reise einer Veränderung Ihrer Gemeinde machen, werden auch Sie einen solchen Bezugspunkt benötigen. Und dieser Bezugspunkt ist die Vision, die Ihnen schon bei den ersten Plänen zu einer Veränderung helfen kann, dann aber auch während der Umsetzung immer wieder als Navigationspunkt dienen wird.

Die Inhalte dieses Buches werden Ihnen dabei helfen, eine Vision zu erarbeiten, die aus dem Herzen Gottes kommt und mit der Sie es wagen können, einen Veränderungsprozess in Gang zu setzen, der Ihre Gemeinde nicht mehr so lassen wird, wie sie war. Lassen Sie sich auf diese herrliche Reise ein. Es lohnt sich, denn Gott wird mit Ihnen sein!

Dieses Buch (und das E-Book) können Sie in jeder Buchhandlung, oder auch über Amazon.de, kaufen oder bestellen.

Paperback - 316 Seiten (mit vielen Schaubildern und Praxisbeispielen)

<u>*Preise:*</u>
Buch: 14,95 Euro
E-Book: 9,99 Euro
ISBN: 978-3-7386-4466-1

Lasst uns lieben, denn Er hat uns zuerst geliebt

(Impulse aus dem ersten Johannes-Brief)

„Lasst uns lieben, denn er hat uns zuerst geliebt."

(1. Johannes 4,19)

Das ist eine der schönsten Botschaften der Bibel. Von diesem Anliegen des Apostels Johannes können Sie heute profitieren, denn im „Markt religiöser Möglichkeiten" unserer Zeit ist nicht mehr so klar, was Christsein bedeutet, auf welchen Grundlagen es beruht, und wie es im alltäglichen Leben seine Bewährung finden kann.

Die Inhalte dieses Buches werden Ihnen dabei helfen, denn in 14 verschiedenen Themenkreisen werden darin die Anliegen des ersten Johannes-Briefes auf die heutige Situation von Christen angewendet.

Dieses Buch (und das E-Book) können Sie in jeder Buchhandlung, oder auch über Amazon.de, kaufen oder bestellen.

Paperback - 172 Seiten

Preise:
Buch: 9,95 Euro
E-Book: 6,49 Euro

ISBN: 978-3-7392-1534-1

Grundlagen des Glaubens

(Wissenswertes zum christlichen Glauben)

 Begeben Sie sich auf eine spannende Reise auf den Spuren christlichen Glaubens,

„… denn alle Schrift, von Gott eingegeben, ist nütze zur Lehre, zur Zurechtweisung, zur Besserung, zur Erziehung in der Gerechtigkeit, dass der Mensch Gottes vollkommen sei, zu allem guten Werk geschickt" (2. Timotheus 3,16).

Jeder Mensch, der gerade die ersten Schritte auf seinem Lebensweg mit Jesus geht, hat viele Fragen bezüglich Glauben und Leben als Christ. Aus diesem Grund habe ich einige Themen zusammengestellt, die Ihnen dabei helfen können, auf den Spuren christlichen Glaubens zu einer lebendigen Beziehung zu Jesus Christus zu finden. Dabei werden die Worte der Bibel eine zentrale Rolle spielen, denn Gott selbst soll in den Inhalten dieses Buches zu Wort kommen und Ihrem Herzen das mitteilen, was ihm wichtig ist.

Das spannende daran ist, dass Sie durch Studium und Meditation der einzelnen Themen mit Gott selbst in Kontakt kommen werden, denn er hat jedem seiner Nachfolger folgendes versprochen: *„Der Heilige Geist, den mein Vater senden wird in meinem Namen, der wird euch alles lehren und euch an alles erinnern, was ich euch gesagt habe"* (Johannes 14,26).

Seien Sie also gespannt, wo und auf welche Weise Gott Ihnen durch die Inhalte dieses Buches begegnen wird. Sie werden keine Minute bereuen, die Sie mit dem Wort Gottes zugebracht haben!

Dieses Buch können Sie nur über unsere Homepage beziehen: www.hwz-ministries.de/ressourcen/bücher.

Paperback - 192 Seiten

Preis: 10,00 Euro (zzgl. Versandkosten)

Über den Autor

Hans-Werner Zöllner

ist Autor, Coach, Speaker und der Gründer von HWZ Ministries, einem Dienst, der es sich zur Aufgabe gemacht hat, christlichen Gemeinden und deren Führungskräften in allen Fragen rund um Entwicklung und Veränderung zur Seite zu stehen.

Chronologischer Werdegang

- ❖ geboren 1963 in Künzelsau/Hohenlohe
- ❖ Besuch der Grund- und Hauptschule und anschließende Ausbildung zum Sägewerker.
- ❖ Bundeswehr (Zeitsoldat - 8 Jahre - Ausbilder im Fernmeldebereich)
- ❖ Ausbildung zum Gemeinschaftspastor am Theologischen Seminar der Liebenzeller Mission (heute: Internationale Hochschule Liebenzell - IHL)
- ❖ Geschäftsführender Pastor eines Gemeinschaftsbezirks im Liebenzeller Gemeinschaftsverband (LGV)
- ❖ Geschäftsführer bei der CTL gemeinnützige GmbH CTL ist ein Bildungsunternehmen dreier theologischer Ausbildungsstätten in Kooperation mit der Middlesex University in London
- ❖ Leiter Hochschulbibliothek der IHL
- ❖ Lehrbeauftragter an der IHL
- ❖ Technischer Betriebsleiter Tex&More GmbH
- ❖ Gründung HWZ Ministries

Qualifikationen

- ❖ Gemeindeberater Natürliche Gemeindeentwicklung (NCD)
- ❖ Trainer persolog Persönlichkeits-Profil
- ❖ Coach (DGfC 2009)
- ❖ Trainer persolog Lernen und Lehren
- ❖ Master of Arts in Praktischer Theologie

Hans-Werner Zöllner ist seit über 33 Jahren glücklich mit Angelika verheiratet. Sie haben drei wunderbare erwachsene Kinder, die mit beiden Beinen im Leben stehen. Er wohnt zurzeit in Günzburg/Oberschwaben.